滄海叢刊

孟武自選文集

薩孟武 著

1979

東大圖書公司印行

中華民國六十八年十月初版

©孟武自選文集

基本定價壹元陸角叄分

著作者 薩孟武
發行人 莊剛彰
出版者 東大圖書有限公司
總經銷 三民書局股份有限公司
印刷所 東大圖書有限公司
臺北市重慶南路一段六十一號二樓
郵政劃撥一〇七一七五號

行政院新聞局登記證局版臺業字第〇一九七號

自序

本書所收集的論文或已發表，或未發表，或為著，或為譯。著的雖已發表，亦加以許多修正增補。例如「大學新衍義」，本來只有二千多字，後增加為一萬餘字，現又增加為二萬八千字。又如論樂記，本來只有一萬餘字，而排印後，經校對增補，乃增加為二萬三千字。譯的均係世界名著，而為數年以來累積起來的譯稿，均未發表。譯文乃節譯並且意譯。所以節譯者，蓋不重要的文字均刪去。所以意譯者，蓋直譯不免結屈聱牙，令人讀不下去。因為是意譯，所以譯文或將原文前後倒置，或又增加數句，使人讀後，就會理解。我總覺得翻譯比著作難，而且費時更多。

我出版此書，是依讀者的要求。如「人才乎，鴨博士乎」乃發表於民國五十九年中央日報副刊之上，讀者看到別人文章引我「鴨博士」之語，而不知出自我那一篇文章，函電交詢，故特刊出。但要聲明的，本文增加字數不少，已經不似方塊上文字了。

總而言之，本論文集不問是著是譯，我均予以修改增補。

民國六十八年五月三十一日識於狂狷齋

孟武自選文集　目次

一、大學新衍義……一
二、論「樂記」……四七
三、看朱子如何批評韓愈並論古人「親盡」之說……八五
四、法律的鬥爭……一〇一
五、人權宣言論……一一五
六、論少數人的權利……一五五
七、政黨的發展……一八三
八、大學入學考試……二〇三
九、人才乎，鴨博士乎……二一五
一〇、魁星的形相……二二一
一一、文章的精簡與冗長……二二三

一、大學新衍義

宋眞德秀撰大學衍義，明丘濬撰大學衍義補。眞書旨趣在於正君心而注重正誠修齊；丘書則闡明治平之道，博採經史子集，並附以己見，不但可供政治家，抑又可供研究吾國政治思想及制度者之參考，所以余尤愛讀丘氏之書。數年前，余曾爲中央月刊（第六卷第三期）寫了一篇「爲政之道」，解釋「大學」是說明政治道理，字數僅二千多言。民國六十七年十一月爲戴炎輝先生七秩華誕，余依舊著，加以修改增補，約一萬多字，聊表祝賀之意。現再修改增補，字數約二萬八千字。

朱子分大學爲「經」一章，「傳」十章。關於「經」，自「大學之道」至「而其所薄者厚，未之有也」，共二百五字爲孔子之言，而曾子述之。「傳」則曾子之意，而門人記之。余不知朱子之言有何根據，但余細讀「大學」，孔子之言應只有五十八字，即自「大學之道」至「則近道矣」。玆依此五十八字，每句作些解釋：

大學一書，漢儒鄭玄以為「大學者以其記博、學可以為政也」，即鄭玄以大學為說明為政之道。宋儒程頤則以大學為「初學入德之門」（註一）。自元代取士，於朱註四書中出題（註二），明清二代循而未革，宋儒的解釋便戰勝了漢儒。案宋儒所注意的為修齊，以「格君心之非」為治道之本，而如程頤所說：「治道……從本而言，惟是格君心之非」（近思錄集註卷八）。漢儒所重視的為治平，修齊乃在其次。賈誼以為人主的德行與一般人民不同，說道：「人主之行異布衣，布衣者飾小行，競小廉，以自託於鄉黨邑里。人主者唯天下安，社稷固不耳……故大人者不怵小廉，不牽小行，故立大便以成大功」（賈誼新書卷一益壤第十）。所以宋代仁宗時廢后（郭皇后）問題，英宗時濮議問題，由賈誼觀之，都是小行，無足輕重。至若明世宗時「大禮之議」也只是天子私事，與國計民生毫無關係。而廷臣竟然伏闕哭爭，至謂「國家養士百五十年，仗節死義正在今日」（明史卷一百九十一何孟春傳），眞是愚蠢而又無聊。賈誼這個思想對於西漢大臣頗有影響，吾人讀漢書各列傳，即知公卿議臣均能分別宮中之事與朝廷之事。宮中之事視為天子私事，多不過問。只惟宮中之事有妨朝廷之事之時，才出來說話。他們對於朝廷之事，常能直言不諱，陳述自己的意見，縱令廷辱天子，天子亦不以為忤，且稱之為社稷之臣（註三）。

註一　程頤說：「初學入德之門，無如大學，其他莫如語孟」。注云：「問初學當讀何書。朱子曰六經語孟皆當讀，但須知緩急，大學語孟最是聖賢為人切要處。然語孟隨事答問，難見要領。惟大學是說古人為學之大方體統，都具玩味。此書知得古人為學所嚮，讀語孟便易入，後面工夫雖多，而大體已立矣」（近思錄集註卷三）。

註二 程朱之學傳於北方，乃開始於趙復。太宗窩濶臺之時，出師伐宋，取德安，獲趙復，趙復欲投水殉國。「姚樞曉以布衣未仕，徒死無益，不如隨吾而北，可以傳聖敎」。趙復本誦法程朱之學，旣至北方，遂以道學敎衆，而朱子之四書章句集註及近思錄遂通行於海內。世祖忽必烈統一南北，立太學，用朱註四書敎授生徒。仁宗延祐年間開科取士，凡鄉試及會試第一場經問，皆由四書內出題，用朱子四書章句集註，終元之世莫之能改（新元史卷六十四選舉志一，卷一百三十四儒林傳序及趙復傳）。韓性說「今之貢舉悉本朱熹私議，爲貢舉之文，不知朱氏之學，可乎」（元史卷一百九十韓性傳）。自是而後，朱熹的地位提高了，經明至清不變。

至於元代何以尊崇朱子學說，請參閱拙著中國社會政治史第四册三民版二三六頁。

註三 文帝拊髀曰，嗟乎吾獨不得廉頗李牧爲將，豈憂匈奴哉。唐曰，主臣，陛下雖有廉頗李牧不能用也。上怒，起入禁中，良久召唐讓曰，公衆辱我，獨無間處乎。唐謝曰云云，文帝悅，是日拜唐爲車騎都尉（漢書卷五十馮唐傳）。

上（武帝）方招文學儒者，上曰吾欲云云。黯對曰陛下內多欲，而外施仁義，奈何欲效唐虞之治乎。上怒變色而罷朝，公卿益爲黯懼。上退謂人曰，甚矣汲黯之戇也……然古有社稷之臣，至如汲黯近之矣（漢書卷五十汲黯傳）。

「大學」一書爲禮記之一篇，它的旨趣是敎人以修養之道麼，抑是敎人以爲政之道。關此，上文已經提到鄭玄與程朱見解之不同。案先秦思想均是政治思想（註四），其或說到個人修養問題，亦只對其門人言之，其後門人雜記老師之言，因以成書。例如「論語」之書，據柳宗元說，乃曾子門人雜記曾子之言或曾子所追述孔子之言。「孔子弟子，曾參最少，少孔子四十六歲（原注，孔子卒時七十二，曾子年二十六）。曾子老而死，是書（論語）記曾子之死，則去孔子也遠矣。曾子之死，孔子弟子略無存者矣。吾意曾子弟子之爲之也……或曰孔子弟子嘗雜記其言，然而卒成其書者曾子之徒也」（柳河東集卷四論語辯上篇）。余爲什麼引用柳氏之言？蓋欲藉此說明凡欲研究孔子思想，不可單單根據論語。而且四書中學庸兩篇乃取自禮記，若以學庸兩篇爲可信，何以其他各篇不可信。總之，大學的價值不在論語之下，然而大學既爲禮記之一篇，則其價值又未必在禮記其他各篇之上。

註四　豈但先秦，秦漢以後的思想亦多屬於政治思想。不但吾國，歐洲也是一樣。

（一）大學之道

大學是大人之學。何謂大人，古來有兩種意義，一指有道德的人，論語季氏「畏大人」，何晏解、邢昺疏均謂「大人卽聖人也」。二指有權位的人，左昭十八年，「而後及其大人」，杜預注，「大人，在位者」。孔穎達疏，「大人謂公卿大夫也」。孟子滕文公上「有大人之事，有小人之事」，趙岐注、孫奭疏以爲「大人之事謂人君行教化也。小人之事謂農工商也」。余意「大人」不單指人君，凡在位者如公卿大夫亦包括在內。「大人之事」不單指教化，乃涵蓋一切政治。大人之事須「勞心」，小人之事只「勞力」。「勞心者治人，勞力者治於人」。所以大學果是大人之學，則這個大人必指有權位的人。質言之，「大學之道」是指治國的道理，而爲孔聖政治學的一章（不是全部，只是一章）。

（二）在明明德

「在明」之明爲「詳悉」之意，「明德」之「明」爲明白確實之意。而「德」非指道德。大學既是說明爲政之道，則政治家須知人情，孔子曾言：「君子蒞民，不可以不知人之性，而達諸民之情」（孔子家語第二十一篇入官）。何謂人性？孔子不作獨斷的界說，只云「性相近也，習相遠也」（論語，陽貨）。「何謂人情？喜怒哀懼愛惡欲七者弗學而能」（禮記注疏卷二十二禮運）。即依孔子之意，人性本來沒有天生的善或天生的惡。而人情則任誰都有，而且「弗學而能」。羅整庵說：「七情之中，欲較重。蓋惟天生民有欲，得之則喜，逆之則怒，得之則樂，失之則哀」（困知記卷上，引自黃建中著比較倫理學，正中版三四〇頁）。人類最大的欲是就利避害，故依吾人之意，明德之「德」當解釋爲福利。禮有「百姓之德也」之語，鄭玄注：「德猶福也」，孔穎達疏：「德謂福慶之事」（禮記注疏卷五十哀公問）。即「德」指民之福利。固然孔子曾言，「君子喻於義，小人喻於利」（論語，里仁）。自是而後，就有義利之辨。董仲舒說，「正其誼（誼即義）不謀其利，明其道不計其功」（漢書卷五十六董仲舒傳）。功利二字從此出矣。董氏說：「天之生人也，使之生義與利。利以養其體，義以養其心。心不得義不能樂，體不得利不能安。義者心之養也，利者體之養也。體莫貴於心，故養莫貴於義。義之養生人，大於利矣」（春秋繁露第三十一篇身之養重於義）。但是董氏亦承認人類之有欲，卽欲就利避害。故他又說：「民無所好，君無以權也。民無所惡，君無以畏也。無以權，無以畏，則君無以禁制也……故聖人之治國也……務致民令有所好，有所好，然後可得而勸也，故設賞以勸之。有所好，必有所惡；有所惡，然後可得而畏也，故設法（罰）以畏之。既有所勸，又有所畏，然後可得而制。制之者，制其所好，是以勸賞而不可多也；制其所惡，是以畏法（罰）而不可過也……故聖人之制民，使之有欲，不得過節；使之敦朴，不得無欲。有欲無欲，各得以足，而君道得矣」（春秋繁露第二十篇保位權）。

董仲舒所說：「義之養生人，大於利矣」，再加上孟子對梁惠王所說：「王何必曰利，亦有仁義而已矣」（梁惠王上）（註五），對於後世學者影響甚大。只唯北宋時李覯曾說：「利可言乎？曰人非利不生，曷爲不可言。欲可言乎？曰欲者人之情，曷爲不可言。言而不以禮（註六），是貪與淫，罪矣。不貪不淫，而曰不可言，無乃賊人之生，反人之情。世俗之不喜儒以此。孟子謂何必曰利，激也，焉有仁義而不利者乎」（李直講文集卷二十九原文）。蘇洵亦說：「利之所在，天下趨之」（嘉祐集卷九上皇帝書），所以徒義必不能以動人。「武王以天命誅獨夫紂，揭大義而行，夫何郵天下之人，而其發粟散財何如此之急急也。意者，雖武王亦不能以徒義加天下也……君子之恥言利，亦恥言徒利而已……故君子欲行之（義），必卽於利；卽於利，則其爲力也易；戾於利，則其爲力也艱。利在則義存，利亡則義喪……必也天下無小人，而後吾之徒義始行矣。嗚呼難哉」（同上卷八利者義之和論）。何況上述大學孔子之言，若參以「中庸」：「或安而行之，或利而行之，或勉強而行之，及其成功一也」（禮記注疏卷五十二中庸），則「君子喻於義」是指「或安而行之」。「小人（指細民，即普通的人）喻於利」是指「或利而行之」。誘之以利，而又不肯奉行，則只有「或勉強而行之」。

註五　王充說：「孟子見梁惠王，王曰叟，不遠千里而來，將何以利吾國乎。孟子曰仁義而已，何必曰利。夫利有二，有貨財之利，有安吉之利。惠王曰何以利吾國，何以知其非安吉之利，而孟子逕難以貨財之利……行仁義可得安吉之利，孟子宜先詰問惠王何謂利吾國。惠王言貨財之利，乃可答若設（若設二十疑誤）。今惠王之問未知何趣，孟子逕答貨財之利……失對上之指，違道理之實也」（論衡卷十刺孟篇）。

註六　樂記云：「義近於禮」（禮記注疏卷三十七樂記）。中庸云：「義者宜也」（同上卷五十二中庸）。即禮乃如荀子所說「先王制禮義，使人各得其宜」（荀子第四篇榮辱）。亦即管子所說「義者謂各處其宜也」（管子第三十六篇心術上）。

(三) 在親民

人情皆欲就利避害，政治的目的亦在興利除害。但人民所視爲利的是什麼，人民所視爲害的是什麼，只唯人民自己知道。上之人盡心民事，而欲興利除害，倘若利未必是人民之利，害未必是人民之害，則政治家雖然費盡心力，也許不能合於人民的要求。這就是「親民」的必要。何謂親民？孔穎達疏，在親民者言大學之道在於「親愛於民」。程朱因後文曾引「康誥曰作新民」，便謂「親當作新」，而謂「新者革其舊之謂也」。依吾之意，親乃親近之意。卽政治家當與人民接近，而後方能知道人民所認爲福利是什麼，而能達到「因民之所利而利之」(論語，堯曰)的目的。古者王畿不過千里，千里之內又分封許多陪臣。諸侯之國，大者不過百里，百里之內亦有許多采邑。在這小小地區之內，只要人主不深匿於宮中，肯與人民接近，自會知道人民的利害。左襄三十一年，「鄭人遊於鄉校，以論執政。然明謂子產曰毀鄉校何如？子產曰何爲夫人朝夕退而遊焉，以議執政之善否。其所善者，吾則行之；其所惡者，吾則改之，是吾師也，若之何毀之。仲尼聞是語也，曰以是觀之，人謂子產不仁，吾不信也」。這就是「親民」的效用。古者明君恐其不能親民，而不知民之疾苦，乃「使公卿至於列士獻詩，瞽獻典，史獻書，師箴，瞍賦，矇誦，百工諫，庶人傳語(街巷相傳語王之失政)，近臣盡規，親戚補察，瞽史教誨，耆艾修之，而後王斟酌焉」。案政之弊者莫甚方防民之口：「防民之口甚於防水，水壅而潰，傷人必多，民亦如之。是故爲水者決之使導，爲民者宣之使言」，倘若既不親民，而又用弭謗之法」，使「國人莫敢言，道路以目」，結果必蹈周厲王的覆轍(以上引文均見史記卷四周本紀)。昔者武王將伐紂，使人觀殷，返報曰殷「讒慝勝良」，武王曰尚未也；又復往，返報曰「賢者出走矣」，武王曰尚未也。

又往，返報曰「百姓不散誹怨矣」。武王以告太公，太公曰可矣，百姓不敢誹怨，刑辟重也，其亂至矣。武王就興師伐紂，而紂爲擒（呂氏春秋卷十五愼大覽，貴因）。此言以重刑禁民不敢言其所欲言，乃是大亂之前兆。

封建時代，自天子而至陪臣他們所統治的區域均小。統治者一舉一動，人民均會知道，孔子說：「下之事上，不從其所令，從其所行」（禮記注疏卷五十五緇衣），淮南子亦說：「民之化也，不從其所言，而從所行」（卷九主術訓），所以統治者必須修其身而齊其家。孔子說：「其身正，不令而行，其身不正，雖令不從」（論語卷十三子路）。在小國寡民之地，固係至理明言。秦漢以後，成爲大一統的國家，天子私人生活，百姓未必知道。漢制於此就設計了三種制度：

一是漢制，「天子所居，門閤有禁，非侍御之臣不得妄入，稱禁中」（蔡邕極斷）。而丞相府之門無闌，表示開放之意。通典（卷二十一宰相）云，「凡丞相府門無闌，不設鈴鼓，言其大開，無節制」，所以宰相必須謹身守法。然而宰相又何可深信，古來天子爲宰相所蒙蔽者不知有多少。呂氏春秋（卷十六先識覽，知接）云：「亡國非無智士也，非無賢者也，其主無由接，故也。無由接之患，自以爲智，智必不接。今不接而自以爲智，悖，若此則國無以存矣，主無以安矣」。此言人主自命不凡，而不肯接見賢智之士。其實，賢智之士摒斥於朝廷之外，多因人主受了親近尤其宰相的蒙蔽。明丘濬說：「夫朝廷之政，其弊端之最大者，莫大乎壅蔽。所謂壅蔽者，賢才無路以自達，下情不能以上通，是也。賢才無路以自達，則國家政事無與共理，天下人民無與共治。下情不能以上通，則民間利病無由而知，官吏臧否，無由而聞，天下日趨於亂矣。昔唐玄宗用李林甫爲相，天下舉人至京師者，林甫恐其攻己短，請試之，一無所取，乃以野無遺賢爲賀。楊國忠爲相，南詔用兵，敗死者數萬人，更以捷聞。此後世人主用非其人，不能闢四門，明四目，達四聰之明效也」（大學衍義補卷一總論朝廷之政）。所以漢時對策，均由天子親第其優劣，而不假手於宰臣。而縣之三老且得直接向天子言事。顧炎武說：「漢世之於三老，命之以秩，頒之以祿。當時爲三老者多忠信老成之士也。上之人所以禮之者甚優，是以人知自好，而賢才亦往往出於其間。新城三老董公遮說漢王爲義帝發喪，而遂以收天下。壺關三老茂上書明戾太子之冤，史册炳然，爲萬世所稱道」（日知錄卷八鄉亭之職）。此就可以說，高祖時天下未定，而武帝與戾太子又有父子關係。下舉兩例尤可證明地方細民可以透過三老，陳述意見，而天子亦尊重三老之意。

焦延壽字贛，爲小黃令，舉最，當遷。三老官屬上書願留贛，有詔許增秩留（漢書卷七十五京房傳）。

王尊守京兆尹，後爲眞……免，吏民多稱惜之。湖三老公乘興等上書訟尊治京兆，功效日著。書奏，天子復以尊爲徐州刺史，遷東郡太守。久之，……吏民嘉壯尊之勇節。白馬三老朱英等奏其狀，於是詔制御史，秩尊中二千石，加賜黃金二十斤（漢書卷七十六王尊傳）。

二是漢制，郡守入爲三公，郎官出宰百里（縣之令長），縣之令長爲親民之官，郡守亦然。韓非說：「宰相必起於州郡」（韓非子第五十篇顯學）。爲什麼呢？郡國守相既是親民之官，自會知道民所希冀的是什麼，民所疾苦的是什麼。西漢時，凡內官之無親民經歷，而才堪宰輔者，常外放為郡守，而後再內召為御史大夫，遷為丞相。例如：

王駿遷司隸校尉，奏免丞相匡衡，遷少府。成帝欲大用之，出駿為京兆尹，試以政事……代宣（薛宣）為御史大夫……病卒（漢書卷七十二王吉傳附子駿傳）。

宣帝察望之經明持重，論議有餘，材任宰相，欲詳試其政事，復以為左馮翊。望之從少府出，為左遷，恐有不合意，即移病。上聞之，使侍中成都侯金安上諭意曰，所用皆更治民以考功，君前為平原太守日淺，故復試之於三輔，非有所聞也，望之卽視事（漢書卷七十八蕭望之傳）。

翟方進為司直……上以為任公卿，欲試以治民，徙方進為京兆尹，搏擊豪強，京師畏之。居官三歲，永始二年遷御史大夫，數月……為丞相（漢書卷八十四翟方進傳）。

三是置御史及諫官以匡救政治上的違法及失策。先就御史言之，漢置御史府，有侍御史及部刺史等官，而以御史大夫為之率。御史為風霜之任，彈糾不法。韓非說：「能法之士必強毅而勁直，不勁直，不能矯姦」（韓非子第十一篇孤憤），故漢世常擇明法律而性剛毅之士為之（註七）。現在試問西漢御史制度何以能夠發揮作用。朱博說：「故事，選郡國守相高第為中二千石，選中二千石為御史大夫，任職者為丞相」（漢書卷八十三朱博傳）。卽御史大夫乃是丞相的候補人。丞相金印紫綬，秩萬石。御史大夫銀印靑綬，秩中二千石。愼子說：「人莫不自為也，化而使之為我，則莫可得而用矣……故用人之自爲，不用人之爲我，則莫不可得而用矣。此之謂因」，「因也者，因人之情也」（愼子因循篇）。御史大夫既是丞相的候補人，他欲取得丞相之位，固然不免有暗中毀害之事（註八）。但另一方面，御史大夫由於「自爲」，對於丞相往往察過悉劾，不肯放鬆。在今日民主國，負監督政府之責者乃是議會內反對黨的領袖。反對黨的領袖何以肯負監督政府之責？因爲政府黨辭職之後，繼之組織政府者，必是反對黨的領袖。御史大夫之於丞相，其地位無異於民主國議會內反對黨的領袖。西漢御史制度能夠發揮作用，原因實在於此。故自東漢建三公之官、御史臺長官不爲宰相之候補人之後，監察權雖然漸次離開行政權而獨立，而彈擊官邪的效用反見減少。

註七　參閱拙著中國社會政治史第一冊三民版二五六頁以下。

註八　通典（卷二十四御史大夫）云：「凡爲御史大夫，而丞相次也，其心冀幸丞相物故，或乃陰相毀害，欲代之」。部刺史之能監察守相，理由也是一樣。部刺史秩六百石，守相秩二千石，據朱博說：「故事，刺史居部九歲，舉爲守相。其有異材功效著者，輒登擢。秩卑而賞厚，咸勸功樂進」（漢書卷八十三朱博傳）。其所欲察之官卽其欲代之職，賢者自能「直道而行」，其次者既有欲代之心，又必「察過悉劾」（漢書卷八十六王嘉傳），何肯放棄職守，斷送自己的前途。

次就諫官言之，漢代諫官有太中大夫，中大夫（武帝太初元年更名爲光祿大夫），諫大夫（註九）皆無員，多至數十人，每開廷議，常令大夫參加（博士亦得參加）。歷來居此職者多擇學博行修之士爲之，學博而後知政策之得失，行修而後不至黨同伐異。例如賈誼以能誦詩書屬文，稱於郡中，文帝召以爲博士，超遷歲中至太中大夫。晁錯學申商刑名，爲博士，詔舉賢良文學，錯在選中，對策者百餘人，唯錯爲高第，由是遷中大夫。韋賢爲人質朴少欲，篤志於學，兼通禮尙書，以詩教授，號稱鄒魯大儒，徵爲博士，遷光祿大夫（漢書各本傳）。

註九　諫大夫，東漢以後更名爲諫議大夫。後世大夫多爲散官或爲階官，只唯諫議大夫才與御史並存，即所謂臺諫是也。臺指御史臺，以彈擊官邪爲職，諫就是諫議大夫，以批評朝政爲職。關於西漢一代諫大夫之人選，可參閱拙著中國社會政治史第一册三民版二六四頁以下。

又有進者，吾國累朝皇室數傳之後，往往發生荒君暴主。西漢自高帝以後，賢聖之君六七作，可以視爲例外。然而也有原因。漢高起自匹夫，爲創業之主，固不必說。文帝來自外藩，宣帝興於閭閻，因曾「親民」，故能具知民事艱難，吏治得失。其他朝代數傳之後，皇子長養深宮，沈淪富貴，法家拂士接耳目之時少，宦官宮嬪共啓處之日多，一旦卽位，上焉者乏奮發剛斷之氣，下焉者不識祖宗創業之難，驕奢淫逸，荒暴自恣，而諫官遂等於具員。蓋諫官之敢暢所欲言，必須人主有容納之量，倘若言才出諸口，罪已加其身，則諫官將緘默以保祿位，當言者不能直言，不當言者乃巧爲辭說以取容，如是，人主身居九重之內，既不能「親民」，而又爲左右所蒙蔽，下情何能上達。詩云：「先民有言，詢于芻蕘」（詩經注疏卷十七之四大雅，板）。芻蕘乃刈草採薪之賤人，古之聖主對於芻蕘，尙不恥下問，何況對於賢士大夫。漢自文帝十五年「詔公卿郡守舉賢良能直言極諫者，上親策之。補注引周壽昌曰，「此漢廷策士之始，而晁錯以高第遷中大夫」(漢書卷四文帝紀)。昭帝始元六年詔有司問郡國所舉賢良文學，民所疾苦(漢書卷七昭帝紀)。通考(卷三十三賢良方正)解釋云：「昭年年幼，未卽政，故無親策之事，乃詔有司問以民所疾苦……令建議之臣(御史大夫桑弘羊)與之反覆詰難，講究罷行之宜」。而郡國所推舉的賢良文學有似於郡國的民意代表，均敢面對桑弘羊，痛斥專賣之弊；朝廷亦尊重他們的議論，爲之罷榷酤。唐代以後，雖然也有制舉，問以國之大事，然選人均不敢直言極諫。文宗太和二年劉蕡以賢良方正對策，指陳時事，不避貴近。時登科者二十三人，所言皆冗齪常務，考官見蕡對嗟伏，以爲過古晁董，而畏中官眦睚，不敢取，物議喧然。……唯登科人李郃謂人曰劉蕡不第，我輩登科，實厚顏矣(新唐書卷一百七十八劉蕡傳，舊唐書卷一百九十下劉蕡傳)。宋神宗熙寧三年，親試進士，始專以策，定着限以千字。蘇軾「見一時舉人所試策，多阿諛順旨，乃擬一道以進。大略謂科場之文，風俗所繫，所收者天下莫不以爲法，所異者天下莫不以爲戒。今始以策取士，而士之在甲科者，多以諂諛得之。天下觀望，誰敢不然。風俗一變，不可復返，工人衰微，則國隨之。噫」(引自大學衍義補卷九清入仕之路)。降至明代，士風日下，「臺諫習爲脂韋，以希世取寵，事關軍國，卷舌無聲，徒摭不急之務，姑塞言責」(明史卷二百二十趙世卿傳)。按明太祖未得天下以前，行事多倣漢高，但兩人性格未必相同，漢高濶達大度，明祖性多猜忌，一方由誇大狂，不願受人輕視，同時由自卑感，又疑別人輕視。由這變態心理，遂用廷杖以立威，而政治的專制遂超過任何一代。數傳而至憲宗，因口吃，不欲接見大臣，與其交談。自玆以降，天子便深匿宮中，不與朝臣相見，於是傳達詔令之權遂歸於閹宦。天子豈但不能「親民」，且亦不能親大臣，聽聆大臣報告，而識民之疾苦了。總之，明代政治的腐化在於天子不能「親民」。

(四) 在止於至善

政治家既已知道人民的利害所在，就須依「民之所好好之，民之所惡惡之」(大學)的原則，講求至善的方法，以增加人民的福利。前已舉過子產不毀鄉校之事(左襄三十一年)，即子產爲政乃以民之好惡爲標準，所以孔子稱之爲仁。但是人民所要求的福利沒有止境，政治家所講求的人民福利，因爲財力人力有限，客觀上不能不有止境。所以政治家當依當時的財力人力，於施政能夠達到客觀條件所允許的至善爲「止」。不顧客觀條件，單憑主觀，勢必蹈王莽的覆轍，施政不但不能利民，且將殃民。西漢末年，發生了許多社會問題，成帝時代已有小股流寇。哀帝時代「盜賊並起，或攻官寺，殺長吏」(漢書卷八十一孔光傳)。人心動搖，有「漢家歷運中衰，當再受命」之謠(漢書卷十一哀帝紀建平二年)。王莽遂乘機篡取漢之天下，王莽的改革均不切實際，他「專念稽古之事」(漢書卷九十九中王莽傳)。「朝臣論議，靡不據經」(漢書卷九十九上王莽傳)、布封建、改官制、鑄新幣、行井田、奴隸國有，此數者何能挽救時局的危機。凡事有害於民生者固宜除舊布新，而與民生無關者何必改絃更張。至於五均六筦雖有似於今日之社會政策，但行之又不得其道，且有反於「百姓足，君孰與不足，百姓不足，君孰與足」（論語，顏淵篇）之言。弄到結果，「富者不能自保，貧者無以自存」（漢書卷二十四下食貨志），盜賊蠭起，天下大亂，王莽竟在全國反抗之下，爲商人杜吳所殺。

昔者，周公把原始國家改制爲封建國家，定宗法，行井田，不過將過去風俗習慣，用法定形式，保障其實行，而預防不軌之徒擅自破壞。商鞅變法能夠成功，也是因爲戰國之時，封建只留殘滓，殘滓未消滅的舊制，如井田之類，早已不合於時代的需要；而萌芽於殘滓之中的新制，如郡縣之類，已經生長。商鞅不過順着時代所趨，利用國家權力，有些制度促其早日破壞，有些制度促其早日實行而已。周秦以後，漢唐爲盛。漢興，接秦之敝，乘以劉項戰爭，「民失作業，而大饑饉，凡米石五千，人相食，死者過半……天下既定，民亡蓋臧，自天子不能具鈞駟，而將相或乘牛車」（漢書卷二十四食貨志上）。在此經濟崩潰，財政窮困之時，而匈奴又侵陵不已。漢初君臣遂定下「至善」之策，復知「至善」須有所「止」。於是對外，用和親政策，拖延邊境之危；對內則拊循其民，設法增加戶口，並培養稅源。蓋古者以農立國，國之強弱貧富乃以戶口多寡爲標準，多則田墾而稅增，丁多而兵衆。大亂之後，必須與民休息，「蕭曹爲相」，遂依黃老主義，「塡以無爲，從民之欲，而不擾亂」（漢書卷二十三刑法志）。一方勸課農桑，而尤注意田租的減少，同時講求生殖政策，以謀戶口的蕃息（註一〇）。數十年休養生聚，到了武帝時代，「七十年間國家無事，非遇水旱，則民人給家足，都鄙廩庾盡滿，而府庫餘財，京師之錢累百鉅萬，貫巧而不可校。太倉之粟陳陳相因，充溢露積於外，腐敗不可食」(漢書卷二十四食貨志上)。於是從前只求和親，冀以救安邊境者，現在則利用兵力，犁庭掃穴了。唐承南北朝之敝，有三大問題，勢非解決不可。一是土地集中，二是私兵(部曲)制度，三是賦稅不均。唐繼承北周蘇綽定下的政策，以均田打破土地的集中，以府兵消滅軍閥的部曲，以租庸調使賦稅能夠均平。吾國國勢以漢唐兩代爲最強，蓋建國之初，政治家均知「止於至善」之故。禮(禮記注疏卷二曲禮上)云「貧者不以貨財爲禮，老者不以筋力爲禮」，注疏對此兩句，沒有解釋。呂大臨曰「君子之於禮，不責人之所不能備，貧者不以貨財爲禮，是也。不責人之所不能行，老者不以筋力爲禮，是也」(引自大學衍義補卷三十八禮儀之節上)。此雖然只就「禮」言之，若應用於政治方面，則如孔子所說：「君子莅民，不臨以高，不導以遠，不責民之所不爲，不強民之所不能」(孔子家語第二十一篇入官)。卽如管子所說：「明主度量人力之所能爲而後使焉，故令以人之所能爲，則令行。使於人之所能爲，則事成。亂主不量人力，令於人之所不能爲，故其令廢。使於人之所不能爲，故其事敗。夫令出而廢，舉事而敗，此強不能之罪也。故曰毋強不能」(管子第六十四篇形勢解)。管子又說：「君有三欲於民，三欲不節，則上位危。三欲者何也？一曰求，二曰禁，三曰令。求必欲得，禁必欲止，令必欲行。求多者，其得寡。禁多者，其止寡。令多者，其行寡。求而不得，則威日損。禁而不止則刑罰侮。令而不行，則下凌上。故未有能多求而多得者也，未有能多禁而多止者也，未有能多令而多行者也。故曰，上苛則下不聽」(管子第十六篇法法)。這就是「止」之意義。

註一〇　漢代初年，一方勸課農桑，而尤注意田租的減少，藉以培養稅源。蓋欲聚富於民，有急可以征用也。

漢興，天下既定，高祖約法省禁，輕田租，五十而稅一，量吏祿，度官用，以賦於民（漢書卷二十四上食貨志）。

文帝十二年賜農民今年租稅之半（漢書卷四文帝紀）。

文帝十三年除民之田租（漢書卷四文帝紀）。

景帝二年令民半出田租，三十而稅一（漢書卷二十四上食貨志）。

他方講求生殖政策，以謀戶口的蕃息。就是凡產子者免其徭役。

高帝七年十二月詔民產子，復勿事二歲（漢書卷一下高祖紀）。

而婦女之不嫁者，增其口稅。

惠帝六年冬十月令……女子年十五以上至三十不嫁，五算。注引應劭曰，欲人民繁息也，漢律，人出一算，算百二十錢（漢書卷二惠帝紀）。

（五）知止而後能定

「定」是確定之意，政治的目標在謀人民的福利，要謀人民的福利，應「止」於客觀條件所允許的「至善」之境。目標既有所止，則政治家自有「定」見，即有確定的政見，不至此一施設與彼前一施設衝突，而令各種政策均不能發生作用。管仲商鞅能夠成功，就是因爲他們兩人有一定的見解，各種政策均以這個見解爲中軸。所謂客觀條件除人力和財力之外，還須顧到當時國家最大的需要。舉例言之，周自平王東遷以後，王室式微，不能控制諸侯，內則列國攻戰，外則蠻夷猾夏。莊王以後，人心已經希望實力較大的諸侯出來領導；只因王室的尊嚴尚在，任誰都不敢公然推翻，於是人士便退一步，要求強有力的諸侯興利除害，誅暴禁邪，匡正海內，以尊天子。這樣，便發生了霸的觀念。霸有兩個條件，一是尊王，二是攘夷。管仲相桓公，稱霸諸侯，伐戎救燕（左莊三十年），伐狄救衞（左僖二年），伐楚責苞茅不入貢於周（左閔四年）。霸須尊崇王室，而又不兼併諸侯，所以只可視爲割據與統一的過渡辦法。管子說：「使天下兩天子，天下不可理也。一國而兩君，一國不可理也。一家而兩父，一家不可理也」（管子第二十三篇樞言）。當時諸侯攻戰，苟齊國貧弱，亦難負起尊王而又攘夷的責任。故他又說：「不能強其兵，而能必勝敵國者未之有也」（管子第六篇七法）。蓋「兵雖非備道至德也，然而所以輔王成霸」（管子第十七篇兵法）。而且「我能毋攻人可也，不能令人毋攻我。彼求地而予之，非吾所欲也；不予則與戰，必不勝也」（管子第六十五篇立政九敗解）。所以「君之所以卑尊，國之所以安危者，莫要於兵……故兵者尊主安國之經也，不可廢也」（管子第二十八篇參患）。

到了春秋之末，竟然發生了「諸侯僭於天子，大夫僭於諸侯」（左昭二十五年）的現象，以魯國爲例言之，宣公時代，已經「欲去三桓，以張公室」（左宣十八年）。昭公時代，「政在季氏三世矣，魯公喪政四公矣」（左昭二十五年）。昭公固曾討伐季氏（左昭二十五年），而竟爲三桓所敗，出奔於齊，而死於異國（左昭三十二年）。到了哀公時代，「公患三桓之侈也，欲以諸侯去之。三桓亦患公之妄也，故君臣多閒。公欲以越伐魯，而去三桓」（左哀二十七年）。三桓攻公，公奔越，不得復歸，國人立其子悼公（左哀二十七年杜預注，孔穎達疏）。陪臣的勢力陵駕於國君之上，所以孔子於定公時爲魯大司寇，必欲毀三孫之城。蓋如鄭祭仲所說：「都城過百雉，國之害也」（左隱元年）。

降至戰國，強陵弱，衆暴寡，諸侯存者不過十餘，而強大者只有七國。當時周室式微已久，天子的尊嚴掃地無存，於是霸的觀念又轉變爲「王」的觀念。霸是尊崇周室，王欲推翻周室。霸是利用周室，維持苟安的局面；王欲打垮周室，建設統一的國家。孟子見梁惠王，又見齊宣王，均說以王道，眼中那有周天子存在。總之，這個時代，封建國家已經沒落，而人心又希望統一，統一之法在春秋時代爲霸天下，在戰國時代爲王天下。善哉李覯之言：

或問自漢迄唐，孰王孰霸。曰，天子也，安得霸哉。皇帝王霸者其人之號，非其道之目也。自王以上，天子號也……霸，諸侯號也。霸之爲言也，伯也，所以長諸侯也，豈天子之所得爲哉。道有粹有駁，其人之號不可以易之也。世俗見古之王者粹，則諸侯而粹者亦曰行王道。見古之霸者駁，則天子而駁者亦曰行霸道，悖矣……所謂王道，則有之矣，安天下也。所謂霸道，則有之矣，尊京師也。非粹與駁之謂也（李直講文集卷三十四常語下）。

即李覯以爲王霸只是名位的區別，而非施政本質之不同。王，天子之號，以安天下爲務。霸，諸侯之號，以尊京師爲務。在許多學者及政治家之中，施行「王」天下政策而能成功的，則爲商鞅。

秦在孝公時代，正是列國開始爭王的時代。前已說過，王是推翻周室，而建設統一的國家。統一與革命不同，革命是推翻腐化的政權，統一是推翻割據的政權。推翻腐化的政權，武力固然必要，而不必利用武力的亦有其例。推翻割據的政權，武力則爲萬不可缺的工具。因爲割據是依靠武力的，打倒武力，只有利用武力。既然利用武力以打倒武力，則勝敗之數必取決於武力之大小。在這個觀念之下，富國強兵當然必要。商鞅變法就是依這需要，定下農戰政策（註一一）。所謂農戰是謂民居則盡力於農，出則勇於作戰。但是「農，民之所苦；而戰，民之所危也」（商君書第六篇算地）。如何使民甘其所苦，而不避其所危？商鞅以爲「非劫以刑，而毆以賞莫可」（同上第二十五篇愼法）。即「利出於地，則民盡力；名出於戰，則民致死。入使民盡力，則草不荒；出使民致死，則勝敵。勝敵而草不荒，富強之功可坐而致也」（同上，算地）。他說：「民之外事，莫難於戰……故欲戰其民者……賞則必多，威則必嚴……民見戰賞之多，則忘死，見不戰之辱，則苦生。賞使之忘死，而威使之苦生……以此遇敵，是以百石之弩射飄葉也，何不陷之有哉。民之內事莫苦於農，……故曰欲農富其國者，境內之食必貴……食貴，則田者利，田者利，則事者衆……故爲國者，邊利盡歸於兵，市利盡歸於農。邊利歸於兵者強，市利歸於農者富。故出戰而強，入休而富者，王也」（商君書第二十二篇外內）。以上是舉商鞅之例以證明「定」——確定的政見之必要。

註一一　秦在關中，關中號稱陸海，爲九州膏腴，故商鞅於經濟方面，主張以農立國，又由以農立國，定下農戰政策。齊在海濱，故管仲於經濟方面，注重魚鹽之利。但管仲並不忘記農之重要。他說：「行其田野，視其耕芸，計其農事，而饑飽之國可知也」（管子第十三篇八觀）。又說：「先王者善爲民除害興利，故天下之民歸之。所謂興利者，利農事也。所謂除害者，禁害農事也。農事勝，則入粟多；入粟多，則國富。國富，則安鄉重家；安鄉重家，則雖變俗易習（謂改易其常習），敺衆移民，至於殺之，而民不怨也，此務粟之功也。上不利農，則粟少；粟少則人貧，人貧則輕家；輕家則易去；易去則上令不能必行；上令不能必行，則禁不能必止；禁不能必止，則戰不必勝，守不必固矣。夫令不必行，禁不必止，戰不必勝，守不必固，命之曰寄生之君。此由不利農少粟之害也」（管子第四十八篇治國）。

（六）定而後能靜

靜是心平氣和之意。政治家既有確定的政見，則心平氣和而不躁求。案一切改革均不可操之過急，只能逐漸施行。人類均有惰性，雖知舊制之弊，而新制之功效如何，人民並不之知。倘若急速改變，人民將以新制之利未必能夠抵銷舊制之弊；阻力橫行，而至於無法施行。王安石變法之失敗，卽由於太過躁進，神宗亦患此種錯誤。范純仁曾對神宗說：「道遠者理當馴政，事大者不可速成。人材不可急求，積敝不可頓革。儻欲事功亟就，必爲憸佞所乘」（宋史卷三百十四范純仁傳）。王安石亦知「緩而圖之，則爲大利，急而成之，則爲大害」。且謂「竊恐希功幸賞之人，速求成效於歲月之間，則吾法隳矣」（王臨川全集卷四十一上五事劄子）。然實行之時，又復急功，違反這個原則。新政名目太多，一利未興，又思再興一利，一害未除，又思再除一害，不知「止」字之重要。劉摯說：「自青苗之議起，而天下始有聚斂之疑。青苗之議未允，而均輸之法行。均輸之法方擾，而邊鄙之謀動。邊鄙之禍未艾，而助役之事興。至於求水利，行淤田，併州縣，興事起新，難以徧舉（宋史卷三百四十劉摯傳）。梁燾亦說：「今陛下之所知者（知其害民）市易事耳。法之爲害豈特此耶……青苗之錢未一及償，而責以免役。免役之錢未暇入，而重以淤田。淤田方下，而復有方田。方田未息，而迫以保甲，是徒擾百姓，使不得少休於聖澤」（宋史卷三百四十一梁燾傳）。占人云：法簡則易行，事簡則易舉，商鞅變法所以成功，王莽改革所以失敗，卽因前者知所「止」，後者不知所「止」，不意王安石又蹈了王莽的覆轍。欽宗卽位於社稷危亡之時，唐格還說：「革弊當以漸，宜擇今日之所急者先之」（宋史卷三百五十二唐格傳）。王安石不辨當時之急，而欲一舉而將昔日弊政盡行推翻，這已有反於爲政之道。何況變法太多，需要許多經費與人才。蘇轍有言：「善爲國者，知財之最急，而萬事賴焉。故常使財勝其事，而事不勝財，然後財不可盡，而事無不濟」（欒城集卷二十一上皇帝書）。王安石興革過多，當然需要大批經費，於是變法的目的遂注重於財政，而犧牲了人民利益。葉適說：「理財與聚斂異，今之言理財者聚斂而已矣」（水心集卷四財計上）。王安石的理財實是聚斂，於是便引起老成知務者的反對，而王安石不得不「多用門下儇慧少年」（宋史卷三百二十七王安石傳）。此輩儇慧少年要表示自己的才智，不惜生事以邀功。蘇軾說：「事少而員多，則無以爲功，必須生事以塞責」（東坡七集，續集卷十一上神宗皇帝書）。在王安石秉政之時，生事不單是塞責，目的乃欲邀功，藉以引誘當途的青睞，而開拓自己的前途。於是一法尚未成功，另一法已經頒布，至於兩法有無衝突，大都無遑細察，甚至一種新法之中又孕育了破壞該法的胚子（註一二）。王夫之說：「一代之治各因其時，建一代之規模，以相扶而成治。故三王相襲，小有損益，而大略皆同。未有慕古人一事之當，獨舉一事，雜古於今之中，足以成章者也。王安石惟不知外，故偏舉周禮一節，雜之宋法之中，而天下大亂……以一成純，而互相裁制，舉其百，廢其一，而百者皆病；廢其百，舉其一，而一可行乎……王不成王，霸不成霸，而可不僨亂者也。庸醫雜表裏兼溫涼以飲人，強者篤，弱者死，不亦傷乎」（讀通鑑論卷二十一唐高宗）（註一三）。商鞅變法絕不急功，其所改革之事不過數種，而又分兩種進行，第一次在孝公三年，第二次在孝公十二年（參閱史記卷六十八商君傳卷五秦本紀），變法果然成功，造成秦之兼併六國，統一天下的基礎。現代學者嚴復嘗言：「民之可化至於無窮，惟不可期之以驟」（原强，引自中華民國開國五十年文獻第一編第七册三三九頁）。「蓋一國之事同於人身，今夫人身逸則弱，勞則強者固常理也。然使病夫焉，日從事於超距贏越之間，以是求強，則有速其死而已矣」（原强，引自上揭書四〇〇頁）。梁啓超亦謂：「天下之爲說者，動曰一勞永逸；此誤人家國之言也。今夫人一日三食，苟有持說者曰一食永飽，雖愚者猶知其不能也；以飽之後，歷數時而必饑，饑而必更求食也。今夫立法以治天下，則亦若是矣。法行十年或數十年或百年而必敝，敝則必更求變，天下之道也。故一食而求永飽者必死，一勞而求永逸者必亡」（飲冰室文集之一，論不變法之害，中華版七頁）。此卽孔子所說，「無欲速……欲速則不達」（論語，子路章）之意。

註一二　參閱拙著中國社會政治史第四冊三民版四九頁以下所述「青苗」、「均輸」、「市易」、「免役」、「保甲」、「保馬」等等。

註一三　現代學者嚴復以為一種制度名目雖多，而彼此之間必相倚相生而有密切的關係，絕不能更其一而捨其他。他說：「一治制之立與夫一王者之興也，其法度隆汚不同，要皆如橋石焉，相倚相生，更其一，則全局皆變。使所更者，同其精神而為之，猶可言也；使所更者異其精神而為之，則不可言矣（法意第八卷第十四章，復案）。

（七）靜而後能安

安是心情安謐，不因小有成就而狂喜；不因稍有挫折而煩躁，再由煩躁而紛更法制。在吾國歷史上不乏此種例子，而以王莽之改革幣制最為顯著。自漢武帝令三官鑄造五銖之後，漢之幣制甚見健全。王莽居攝，竟然改革幣制。造大錢，直五十，又造契刀，直五百，復造錯刀，以黃金鑄之，直五千；與五銖錢凡四品並行。卽位之後，更作金銀龜貝錢布之品，名曰寶貨，幣制極其複雜，百姓還是以五銖交易。莽知不恰民情，乃只行小錢直一與大錢五十（註一四）。小錢重一銖，大錢重十二銖，價值（一與十二之比）與價格（一與五十之比）不能相比，民間皆私以五銖錢市買。天鳳元年又頒新幣，而罷大小錢。新幣凡二品，一名貨布，二名貨泉。前者重二十五銖，直貨泉二十五。貨泉重五銖，直一。這個新幣又蹈大錢與小錢二品並行的覆轍。凡錢幣有二品以上並行，又用同一金屬鑄造者，必須每品所含有的價值與其所表示之價格能夠成爲比例。王莽不知此中道理，貨布重二十五銖，貨泉重五銖，而一枚貨布能易貨泉二十五，何怪庶民甚至公卿大臣均將五枚貨泉鎔鑄爲一枚貨布（註一五）。幣制不斷改變，「每一易錢，民用破業而大陷刑」（漢書卷二十四下食貨志），於是社會問題更嚴重了。幣制穩定與人民經濟生活有密切的利害關係。漢之五銖行之既久，本來不必改制，而既已改制了，又不合於貨幣學原則。幣制混亂，引起人民破產，由破產而暴動，便加速了王莽政權的顚覆。

註一四　小錢直一及大錢直五十，均是實貨中錢貨六品之名稱。

註一五　參閱拙著中國社會政治史第一册三民版二三二頁以下。唐肅宗時第五琦所鑄新幣雖然只有兩品，合舊幣不過三品，然亦犯王莽幣制的同一錯誤，而致盜鑄並起，錢幣大亂。參閱拙著上揭書第三册三民版二五七頁。

孔子曾說：「三年無改於父之道，可謂孝矣」（論語，學而篇），孔子此言蓋恐新君卽位，要表示自己的才智，而紛更先君的制度。善哉，丘濬的解釋，「按孔子謂三年無改於父之道，謂其事在可否（可以行，可以不行）之間，非逆天悖理之甚者也。曾子謂不改其父之臣，謂其人在有無（可以用，可以不用）之間，非蠹政害敎之尤者也。先人有所過誤，後人救之，使不至於太甚，孝莫大焉」（大學衍義補卷十二戒濫用之失）（註一六）。吾國歷史上不乏名相，其最有令名的，在漢爲蕭曹，在唐爲房杜。現在只談蕭曹，他們兩人本來有隙，蕭何將死，却薦曹參爲相，這是今人所不肯爲的。曹參既相，自認才不如何，凡事皆無變改，一依蕭何之法，這又是今人所不肯爲的。參薨，「百姓歌之曰蕭何爲法，講若畫一，曹參代之，守而勿失，載其清靜，民以寧壹」（漢書卷三十九曹參傳）。宋自王安石變法之後，就發生了朋黨之爭。神宗崩，哲宗嗣位，英宗宣仁高皇后（神宗母，哲宗祖母）垂簾，起用舊黨，罷黜新黨。哲宗親政，改元紹聖，以紹述新政爲國是，驅逐舊黨，登用新黨。哲宗崩，徽宗（神宗子）入承大統，神宗欽聖向皇后臨朝，罷新政，用舊黨。徽宗親政，改元崇寧，以示推崇熙寧（神宗年號）之意，於是舊黨下野，新黨秉政。神宗熙寧八年呂公著已經說道：「前日所舉，以爲天下之至賢；而後日逐之，以爲天下至不肖。其於人材既反覆不常，則於政事亦乖戾不審矣」（宋史卷三百二十六呂公著傳）。果然，哲宗元祐以後，此種現象乃層出不窮。秉政之人既不安定，遂影響於國策。韓非有言：「法莫如一而固」（韓非子第四十九篇五蠹）（註一七）。又說：「法禁變易，號令數下，可亡也」（同上第十五篇亡徵）。復說：「治大國而數變法，則民苦之，是以有道之君貴虛靜而重變法」（同上第二十篇解老）。歐陽修早在仁宗時代，就提出警告：「古之善治其國而愛養斯民者，必立經常簡易之法」。丘濬解釋云：「經常則有所持循，而無變易之煩。簡易則易以施爲，而無紛擾之亂」（大學衍義補卷二十四經制之義下），宋代因天子之好惡，引起大臣之更迭，又因大臣之更迭，引起法令的改變。結果便如仁宗時尹洙所說：「夫命令者，人主所以取信於下也。異時民間，朝廷降一命令，皆竦視之。今則不然，相與竊語，以爲不久當更，既而信然，此命令日輕於下也。命令輕，則朝廷不尊矣」（宋史卷二百九十五尹洙傳）。元祐以後，法令之變易更甚，尤以經濟政策爲然。史臣云；

終宋之世享國不爲不長……內則牽於繁文，外則撓於強敵，供億既多，調度不繼，勢不得不徵求於民。謀國者處乎其間，又多伐異而黨同，易動而輕變。殊不知大國之制用如巨商之理財，不求近效，而貴遠利。宋臣於一事之行，初議不審，行之未幾，卽區區然較其失得，尋議廢格。後之所議，未有以瘉於前，其後數人者又復訾之如前，使上之爲君者，莫之適從，下之爲民者，無自信守。因革紛紜，非是貿亂，而事弊日益以甚矣。世謂儒者論議多於事功，若宋人之言食貨，大率然也。世又謂漢文景之殷富得諸黃老之淸靜，爲黃老之學者大忌於紛更，宋法果能然乎。（宋史卷一百七十三食貨志上一農田）

註一六　依禮記，三年無改於父之道乃載在「子云君子弛其親之過，而敬其美」，鄭玄注：「弛猶棄忘也，孝子不藏識其親之過」。孔穎達疏：「弛謂棄忘，若親有過失，孝子棄忘之，不藏記在心也」（禮記注疏卷五十一坊記）。鄭又注三年無改云云，「不以己善駮親之過」，孔無疏。卽鄭氏的注解，與論語之何晏解、邢昺疏不同。

註一七　關於「法莫一而固」的含義，其詳可參閱拙著中國法治思想，彥博版四九頁以下。

經濟政策如此，其他各項施爲亦莫不皆然。其結果也，便疑人疑法，因法之不行，而疑用人之失；因人之有失，而疑法之不善。法日變，國家無一定之政策。人日易，政府的基礎不能安定。蘇軾說：

夫天下有二患，有立法之弊，有任人之失，二者疑似而難明，此天下之所以亂也。當立法之弊也，其君必曰吾用某也，而天下不治，是某不可用也，又從而易之；不知法之弊，而移咎於其人。及其用人之失也，又從而尤其法，法之變未有已也。如此，則雖至於覆敗，死亡相繼而不悟，豈足怪哉（東坡七集，東坡應詔集卷一策略第三）。

在此種政局之下，國家不亂已經不易，更何能富國強兵，以禦外侮。金人入寇，二聖被虜。元兵南下，宋室遂亡，雖然原因甚多，其關鍵均在於君臣不識「靜而後能安」的道理。君不知此，在於缺乏「定」見。臣不知此，則志在排斥異己，而如范純禮所說：「今議論之臣……以元豐爲是，則欲賢元豐之人；以元祐爲非，則欲斥元祐之士。其心豈恤國事，直欲快私忿以售其姦耳」（宋史卷三百十四范純禮傳）。亦卽如高宗時張嵲所說：「有國之所惡者莫大於朋黨。今一宰相用，凡其所與者不擇賢否而盡用之。一宰相去，凡其所與者不擇賢否而盡逐之。宜其朋黨之寖成也」（宋史卷四百四十五張嵲傳）。宋之弱也以此，宋之亡也亦以此。

（八）安而後能慮

慮是思慮周到之意。思慮周到，而後方能計劃興利除害的具體政策。但是一種政策有利者亦必有弊，有利而無弊的政策，世上絕不之有。尸子說：「聖人權福則取重，權禍則取輕」（尸子卷下），墨子說：「利之中取大，害之中取小……利之中取大，非不得已也。害之中取小，不得已也。所未有而取焉，是利之中取大也。於所既有而棄焉，是害之中取小也」（墨子第四十四篇大取），劉安說：「人之情於害之中爭取小焉，於利之中爭取大焉」（淮南子卷十繆稱訓）。能「慮」，而後方能計算利害之大小。新制，利多而害少者可以採用，利少而害多者不可施行。舊制，害少的無須改革，害多的才可革除。周官（書經注疏卷十八周官）有云：「王曰嗚呼，凡我有官君子，欽乃攸司，愼乃出令，令出惟行，弗惟反」。據孔安國傳（傳，注也），孔穎達疏，有官君子謂大夫以上有職事者。汝等皆敬汝所主之職事，愼汝所出之號令。令出於口，惟卽行之，不惟反之而不用。若二三其令，亂之道。對此，丘濬解釋云：「夫朝廷之政，由上而行之於下，由內而行之於外，必假命令以達之。於其未出之前，必須謹審詳度，知其必可行而無弊，然後出之。既出之後，必欲其通行而無礙，不至於壅塞而反逆可也」（大學衍義補卷二謹號令之頒）。丘濬所說「謹審詳度」卽「慮」之意。丘濬又引宋代劉安世之言：「禮樂刑政號爲治具，而所以行之者特在命令而已。昔之善觀人之國者，不視其世之盛衰，而先察其令之弛張；未論其政之醇疵，而先審其令之繁簡。惟其慮之既滅，發之不妄，而持以必行，則堅如金石，信如四時，敷天之下莫不傾耳承聽，聳動厭服……今朝廷命令變易頻數，遠不過一二歲，近或朞月而已。甚者朝行而夕改，亦有前詔來頒，後令踵除者，吏不知所守，民不知所從，求其弊原，蓋由講議未精，思慮未審，人情有所未盡，事理有所未通，或牽於好惡之私，或溺於迎合之說，是非無所辨，取舍無所宗，故一人言之，而卽爲之紛更也」（引自大學衍義補卷三謹號令之頒）。子夏問政，子曰「無欲速，無見小利，欲速則不達，見小利則大事不成」(論語注疏卷十三子路)。無欲速是慮之過程，不見小利是慮之目的。「慮」不但慮目前的利害，且要慮後來的利害。呂氏春秋(卷二十恃君覽，長利)說：「利雖倍於今，而不便於後，弗爲也」。貪目前之利，而貽害於十數年或數十年之後，偉大的政治家必不肯爲。但要能慮，必須有學；學如沒有，則雖謹審詳度，亦必不免錯誤。「子路使子羔爲費宰，子曰賊夫人之子。子路曰有民人焉，有社稷焉，何必讀書，然後爲學。子曰是故惡夫佞者」(論語注疏卷十一先進)。「子皮欲使尹何爲邑，子產曰少未知可否。子皮曰……使夫(夫謂尹何)往而學焉，夫亦愈知病矣，子產曰……僑(子產名)聞學而後入政，未聞以政學者也……子皮曰善哉……微子之言，吾不知也」(左襄三十一年)。春秋時代，政治並未完全分工。然孔子對其門人，尙謂子路可使治兵賦，冉求可使爲邑宰，公西赤可使爲行人(掌賓客之禮儀及朝覲聘問之事)(論語，公冶長)。到了後代，政治的分工引起了學術的分工。唐除國子學、太學、四門學之外，又置律學、書學、算學。宋復增加武學及醫學(註一八)。但宋代用人，往往不顧其人之所學。卽如王安石所說：「以文學進者，且使之治財；已使之治財矣，又轉而使之典獄；已使之典獄矣，又轉而使之治禮。是則一人之身，而責之以百官之所能備，宜其人才之難爲也」(王臨川全集卷三十九上仁宗皇帝言事書)。這樣，獨當一面的，何能本其所學而思慮周到。

註一八　參閱拙著中國社會政治史第三冊三民版三二九頁之表，及第四冊三民版一七二頁之表。古代之算學乃包括數學與天文。武學研究諸家兵法，醫學有方脈科、鍼科、傷科。

玆應附帶說明者，制度尤其政制乃由於實際上的需要，並隨民族心理的變更，漸次生長而成。所謂民族心理乃是列代祖宗遺傳下來的性格。死者之數多過生者之數數千萬倍，死者的控制力大過生者的控制力亦數千萬倍。一個民族與其謂爲受生者指導，無寧謂爲受死者指導。死者累年累月創造吾人的感情及思想，並指示吾人行動的趨向，所以死者不但生下吾人的軀幹，且又遺傳吾人的性格，而構爲民族心理。民族心理須經過長久歲月，才會構成，構成了之後，又根深蒂固，深埋於吾人精神之中。固然不是不能改變，而確是不易改變。一國在閉關時代，不與外族接觸，民族心理極其固定。海禁開通，一國受到別國的衝擊，也許會引起大大的動亂。然此動亂猶如江河受到暴風雨的襲擊，波濤澎湃，有將舊習慣舊觀念一掃而空之勢。然而不久又必恢復原狀，最多只能對於舊習慣舊觀念加以若干新原素而已。是故任何傑出人物，均不能憑一己之意，改變或創造政制，猶如不能選擇髮膚眼睛的顏色一樣。換言之，政制不是由人創造，而是孕育於民族精神——民族心理之中，成爲習慣，而後發生的。一種政制的成立，須經過數百年的光陰，而其改變亦須經過數百年的光陰，卽民族心理已經厭棄舊政制，而後新政制方能成立。卽如愼子所說：「法非從天下，非從地出，發於人間，合乎人心而已」（愼子，逸文）。文子曾述老子之言：「先王之制法，因民之性（卽人心，人情，下同）而爲之節文……因其性，則天下聽從；拂其性，則法度張而不用」（文子第十八篇自然）。此中道理，爲政者不可不「知」，更不可不「慮」。

（九）慮而後能得

「得」是成功之意，即思慮周到，「一事之行，必思其弊之所必至。一物之用，必思其患之所由來」，「詳察事理，曲盡物情」（大學衍義補卷三十三漕輓之宜，周世宗條，臣按），而後才會「能得」。吾常謂道德是對己的，政治是對人的。孔子分人爲三種，一是中人，二是中人以上，三是中人以下。「中人以上可以語上也，中人以下不可以語上也」（論語，雍也章）。人類之中，中人以上少，中人以下亦少，法制須以中人爲標準。禮云：「是故聖人之制行也，不制以己，使民有所勸勉愧恥，以行其言」。鄭玄注，「以中人爲制，則賢者勸勉，不及者愧恥，聖人之言乃行也」。孔穎達疏，「是故聖人之制行也，不制以己者，言聖人之制法立行，不造制以己之所能，謂不將已之所能以爲制法，恐凡人不能行也。使有所勸勉愧恥，以行其言者，既不制以己之所能，但制以中人之行，使得可行，則民有所自勸勉，不能者自懷愧恥。如此，則民得以行聖人之言也」（禮記注疏卷五十四表記）。簡單言之，法若以中人爲制，則賢不肖皆能守。

但是如何使民有所勸勉，如何使民有所愧恥，孔子重視人情，人情有所好，又有所惡。孝經說：「示之以好惡，而民知禁」。邢昺注，「示好以引之，示惡以止之，則人知禁令，不敢犯也」。又疏，「示有好必賞之令，以引喩之，使其慕而歸善也。示有惡必罰之禁，以懲止之，使其懼而不爲也」（孝經注疏第七章三才）。前曾引過中庸：「或安而行之，或利而行之，或勉強而行之，及其成功一也」。孔穎達疏，「或安而行之，謂無所求爲，安靜而行之。或利而行之，謂貪其利益而行之。或勉強而行之，謂畏懼罪惡，勉力自強而行之」（禮記注疏卷五十二中庸）。安而行之，只唯仁人才會做到。孔子說：「無欲而好仁者，無畏而惡不仁者，天下一人而已。是故君子議道自己，而置法以民」。孔穎疏，「一人而已，喻其少也」（禮記注疏卷五十四表記）。安而行之，人數既少，勢只有用賞使民「利而行之」；用刑使民「勉強而行之」。固然孔子曾謂「道之以政，齊之以刑，民免而無恥。道之以德，齊之以禮，有恥且格」（論語，爲政章）。俗儒因「民免而無恥」，而反對政與刑；又因「有恥且格」，而贊成德與禮。卽他們以爲君子爲政尚德不尚刑。但是禮云：「禮樂刑政，其極一也」。據孔穎達疏，「政，法律也」（禮記注疏卷三十七樂記）。是則「道之以政，齊之以刑」是爲法治。「道之以德，齊之以禮」是爲禮治。法治與禮治，「其極一也」。孔子又說：「聖人之治化也，必刑政相參焉。太上以德敎民，而以禮齊之。其次以政焉導民，以刑禁之，刑不刑也。禁之弗變，導之弗從，傷義以敗俗，於是乎用刑矣」（孔子家語第三十一篇刑政）。卽禮治不生效力，就宜用法治；而法治又須佐之以刑，才會「能得」。何況孔子明白說出，「道之以德，齊之以禮」，乃太上之治道。太上之治道不能行於季世，事之至明。所以只有「道之以政，齊之以刑」。故孔子說：「五刑所以佐治也」（孔叢子第二篇論書）。

「能得」之法，用賞使民有所勸勉，用刑使民有所愧恥。人類無不好利惡害，同時却有權輕重之心。荀子說：「見其可欲也，則必前後慮其可惡也者；見其可利也，則必前後慮其可害也者，而兼權之，熟計之，然後定其欲惡取捨，如是則常不失陷矣」（荀子第三篇不苟）。又說：「將以爲利耶，則大刑加焉……將以爲害耶，則高爵豐祿以持養之，生民之屬孰不願也。雕雕焉懸貴爵重賞於其前，懸明刑大辱於其後，雖欲無化，能乎哉」（荀子第十五篇議兵）。但是刑賞須得其中。董仲舒說：「故聖人之治國也……務使民令有所好，有所好，然後可得而勸也，故設賞以勸之。有所好，必有所惡，有所惡，然後可得而畏也，故設罰以畏之。既有所勸，又有所畏，然後可得而制，制之者制其所好，是以勸賞而不得多也。制其所惡，是以畏罰而不可過也」（春秋繁露第二十篇保位權）。讀者疑吾言之非孔子之道乎？孔子說：「唯仁者能好人，能惡人」（論語，里仁章）。「唯仁人爲能愛人，能惡人」，孔穎達疏，「仁人能愛善人，惡不善之人」（禮記，大學）。孔穎達之疏乃本於論語，「善者好（愛）之，其不善者惡之」（論語注疏卷十三子路）。孔子又說：「以德報德，則民有所勸。以怨報怨，則民有所懲」（禮記注疏卷五十四表記）。以德報德是用賞，以怨報怨是用刑。聖人爲政，欲其「能得」（能够成功），那有專出於惠愛，而不假手於刑賞。

（一〇）物有本末

物就是事。周禮，「以鄉三物教民事」，鄭玄注，「物猶事也」。賈公彥疏，「物，事也」（周禮注疏卷十大司徒之職）。但二者亦有區別，何以知之？孔穎達對於「物有本末，事有始終」，疏云「天下萬物有本有末，經營百事有終有始」（禮記注疏卷六十大學）。如是，就政治方面言，物指全盤計劃，卽大政方針之決定。事指某種經營，卽指特定政策之施行。決定大政方針，須知什麼是本，什麼是末。依吾人之意，政是本，技是末。天下未有政治不修，而經濟能繁榮者；經濟蕭條，而科技能發達者。世人徒注意外國之技，而不識外國之技能夠日新月異，是在於政治清明，經濟進步。呂氏春秋（卷十四孝行覽，本味）云：「求之其本，經旬必得，求之其末，勞而無功」。同光年間，國內有識之士均宗魏源之說：「師夷長技以制夷」（魏源著海國圖志敍）。所謂「師夷長技以制夷」卽向夷學習，化夷人之長技爲吾國之長技，用夷人之船礮禦夷人的侵略。馮桂芳說：「師夷長技以制夷……始則師而法之，繼則比而齊之，終則駕而上之。自強之道實在乎是」（馮桂芳著校邠廬抗議卷下製洋器議）。卽時人均以爲「中學其本也，西學其末也」（鄭觀應著增訂正續盛世危言卷二西學）。「舊學爲體，新學爲用」（張之洞著勸學編外篇設學第三）。所謂中學、舊學是指政治等社會科學；所謂西學、新學是指製造等自然科學。當時清廷固曾派遣學生游學歐美，然他們所學的均是自然科學，而在自然科學之中，又不是理論性的，而是技術性的，宜其回國之後，不會發生效用。梁啓超曾謂：「昔同治初年，德相畢斯麥語人曰，三十年後，日本其興，中國其弱乎。日人之游歐洲者，討論學業，講求官制，歸而行之。中人之游歐洲者，詢某廠船礮之利，某廠價值之廉，購而用之。強弱之原，其在此乎。嗚呼，今雖不幸而言中矣。懲前毖後，亡羊補牢，有天下之責者尙可以知所從也」（飲冰室文集之一，論變法不知本源之害，中華版八頁。此文乃著於前清光緒二十二年）。現代學者胡翼南亦說：「天下之理有本焉，有末焉；有本中之本焉，有末中之末焉。混本以爲末，不可也；混末以爲本，不可也。且以本而視本之本，是本亦末矣；以末而視末之末，則末亦本矣」。他舉農工商賈爲例，意謂農工本也，商賈末也。蓋商賈乃運販農工之產物，農工不發達，試問商賈有何運販？但是農工商賈若無善政，決難興盛，則農工雖謂之本，仍須善政以爲本中之本，而農工之事不過本中之末耳。商賈雖謂之末，亦須善政以爲末中之本，則商賈之事實乃末中之末耳（新政眞詮卷十九新政變通）。梁胡二氏均以政爲本，然政事多端，其中亦有本有末。按一個國家在一定時代，必有中心問題，如何解決中心問題就是「本」。「本」——中心問題能夠解決，其他問題卽所謂「末」，常可隨之解決。商鞅變法能夠成功，王莽改革竟至失敗，就是因爲前者知「本」；後者不知「本」之所在，而致力於「末」。吾國古人有「綱紀」之言，丘濬謂「綱紀二字……大約以網罟爲喻。綱謂網之大繩，紀謂網中絲縷之目。張其大者是之謂綱，理其小者是之謂紀，譬則朝廷之行事，舉其大者，則小者自隨」（大學衍義補卷二正綱紀之常）。

政爲本，技爲末，研究政的爲社會科學，研究技的爲自然科學。自然科學求「眞」，眞卽眞理；社會科學求善，善卽價值問題。價值由時間與空間而不同，所以同一法制，甲國行之，雖有價值，而行之乙國，也許引起社會的紛亂，毫無價值。所以我們不能說外國如何如何，我們中國也應該如何如何。按法制與機器不同，機器可買最新的，然而還是要看工廠的其他設備如何，原料如何，工人知識如何。至於法制則與一般人民有密切的關係，絕不能突然由這一端而卽跳到那一端。國父曾言：「中國幾千年以來，社會上的民情風土習慣，和歐美的大不相同。中國的社會既和歐美的不同，所以管理社會的政治自然也是和歐美不同，不能完全倣效歐美，照樣去做，像倣效歐美的機器一樣。歐美的機器，我們只要是學到了，隨時隨地可以使用。譬如電燈，無論在中國什麼房屋，都可以裝設，都可以使用。至於歐美的風土人情，和中國不同的地方是很多的。如果不管中國自己的風土人情是怎麼樣，便像學外國的機器一樣，把外國管理社會的政治機器，硬搬進來，那便是大錯。」這種理論雖說在五十年以前，但我深信至今還是眞理，所以社會科學的眞理乃隨時隨地而不同，而眞理的標準則爲價值問題。總統蔣公亦言：「甲顧問到中國，說的一套，覺得很好；乙顧問到中國來，另說一套，也覺得不差。我們究竟以那一國那一套爲宜，就漫無標準，並沒有就自己本國的主觀條件與需要，來抉擇其一定的方向。因之，民國已經建立了五十六年，許多方面却就只搞成個不倫不類的東西，硬生生的栽在中國的泥土上。所以新是新的，動亦動的，却不是中國泥土上可以生根的東西。」任何法制均須與社會環境適應，而後才有價值。排洋不可，盲目的崇洋，亦甚危險。

（二）事有終始

上文已經說過，「事」指特定政策的施行，所以孔穎達疏用「經營」二字。大凡經營一事——施行特定政策，須愼重其始，不作衝動的決定。換言之，須研究該項政策有否牴觸大政方針或牴觸其他政策。又須預測其終，若能預測結果之不良——凡政策經過熟慮之後，理應可以預先發見結果如何——就須放棄施行，若深信結果之有利，則應持以必行，堅如金石。在專制時代，一位政治家施行某種政策，也許知道人民必將反對，但經熟慮之後，若預測人民最後必定歡迎，均願盡力行之。在今日民主時代，有些政客，爲了討好人民，往往隨便定下那迎合幼稚人心的政策，曾無幾時，人民發見政策等於不兌現紙幣，那人名望大減，終至失敗，吾人讀中外歷史卽可知之。商君說：「民不可與慮始，而可與樂成」。子產爲相，最初受到鄭人反對，而說「孰殺了產，吾其與之」，三年之後，鄭人又擁護子產，說道「子產若死，誰其嗣之」（左襄三十年）。由此可知政治家須有確定的政見，一種政策若確信其有利於人民，其始也雖有少許挫折，其終也必獲人民歡迎，就應勇敢的執行下去。與其因人民反對，而中途停止，不如最初細加考慮，計其利弊；絕不可因小有阻力而卽停止。因阻力而停止，此後任何政策，反對者必故意造成阻力。阻力既已醞釀，奸猾者觀望，忠厚者奉行，觀望者得利，奉行者吃虧。這樣一來，忠厚者亦將變爲奸猾，觀望形勢，不肯奉行了。要之，「事有終始」是謂開其始，不可不顧終局之利弊；施行至終，不要忘記開始的目標。中途將政策一變再變，違反原有目標，則政策走樣，甚至利民之策反而害民。

吾引商鞅之言，又引子產之事，非教人固執己見。古代有「謀及庶人」（書經，洪範）之事，又有「詢及芻蕘」（詩經，大雅，板）之言。子產不毀鄉校，蓋欲藉以測知民意（左襄三十一年）。「子絕四，毋意，毋必，毋固，毋我」，何晏邢昺固然有所解釋，惟由余觀之，此四毋者不過說明孔子不固執自已的意見而已。不固執自已的意見，就用人言，並不是「以一人之言進之，未幾又以一人之言疑之」（涑水記聞卷五）。就決策言，亦不是「今日一人言之，以爲是而行，明日一人言之，以爲非而止」（宋史卷三百五十七程振傳）。此種態度只是優柔寡斷，適足以誤國僨事。倘若計慮周到，謀議既定，則宜固守不移。固守不移不是剛愎自用，王安石變法的失敗，就是因他剛愎自用，議政之際，只求別人接受我之意見，絕不採納別人意見。新政發生流弊，王安石雖明知之，亦必強辭奪理。舉一例說，青苗之說本來是用以救濟貧農，而執行之時，官吏竟將社會政策供爲增加稅收之具，而且不分貧富，強迫人民借用。甚至城市之內沒有青苗，官吏爲要多放以取息，亦強迫住民貸款。神宗「謂坊郭安得青苗，而使者亦強與之。安石勃然進曰，苟從其所欲，雖坊郭何害」（宋史卷一百七十六食貨志上常平義倉）。政府重息放債，而又強迫人民借用。人民「因欠青苗，至賣田宅，雇妻女，投水自縊者不可勝數」（東坡七集，東坡奏議卷三乞不給散青苗錢斛狀）。人民破產了，「至伐桑爲薪，以易錢貨」（宋史卷三百十五韓維傳）。我爲什麼引證青苗之政，蓋藉此證明王安石立法之初，未曾考慮其「終」，即未曾考慮官吏之必舞弊（註一九）。

註一九　均輸亦然。保甲的流弊亦大，此亦由於王安石未曾愼重其始。古代農兵之制，乃於農隙講武，宋則每五日一教，後改爲一月之中併教三日。王巖叟說：「夫三時務農，一時講武，先王之通制也。一月之間併教三日，不若一歲之中併教一月。農事既畢，無他用心，人自安於講武而無憾」（宋史卷一百九十二保甲）。何況保丁又須自備弓箭，而「百姓買一弓，至千五百，十箭至六七百」。首都之民且「有質衣而買弓箭者」（同上保甲）。而安石乃謂「自生民以來兵農爲一，耒耜以養生，弓矢以免死，皆凡民所宜自具，未有造耒耜弓矢以給百姓者也」（同上保甲）。農民力田，本來不能維持生計，而一月之中又復輟耕三五日，復令其自備弓箭。於是「有逐養子，出贅壻，再嫁其母，兄弟析居，以求免者；有毒其目，斷其指，炙其肌膚，以自殘廢而求免者；有盡室以逃而不歸者；有委老弱於家，而保丁自逃者」（同上保甲）。保甲本欲強兵，而竟擾民如此，其不成功，理之當然。總之，保甲的失敗，由於不愼其始，青苗的失敗，由於不慮其終。豈但青苗保甲而已，一切新政的失敗都是因爲王安石不識「事有終始」的道理。

（二）知所先後，則近道矣

政治家爲政，必須知道那一件事應該先做，那一件事可以後做，這就是所謂「知所先後」。能夠知所先後，「則近道矣」。「道」是爲政之道，於是又發生了什麼「先」，什麼「後」的問題，這當然要依社會環境及人民需要而不同。儒家主張仁政。仁政之中，孔子最重視的爲經濟與教育，經濟使民富，教育使民善。淮南子說：「法能殺不孝者，而不能使人爲孔曾之行。法能刑竊盜者，而不能使人爲伯夷之廉」（淮南子卷二十泰族訓）。這是教之必要。勾踐臥薪嘗膽，十年生聚，十年教訓。生聚是經濟，教訓是教育。二者之中，孰先？「子適衞，冉有僕。子曰庶矣哉。冉有曰既庶矣，又何加焉？曰富之。既富矣，又何加焉，曰敎之」（論語第十三篇子路）。卽經濟與教育均是爲政之本，而孔子還是主張先富後敎。孔子說，「政之急者，莫大乎使民富」（孔子家語第十三篇賢君），又說：「民之所以生者衣食也……民匱其生，饑寒切於身，不爲非者寡矣」（孔叢子第四篇刑論）。此蓋謂民過於貧窮，雖生無異於死；生死無別，必不會因畏死而不敢犯法。管子（第三十六篇心術上）說：「人之可殺，以其惡死也」。愼子（逸文）說：「生不足以使之，利何是以動之；死不足以禁之，害何足以恐之」。同樣，呂氏春秋（卷二十恃君覽，召類）亦說：「生不足以使之，則利曷足以使之矣。死不足以禁之，則害曷足以禁之矣」。此數子之言，皆如淮南子（卷七精神訓）所說：「未知生之樂，則不可畏以死」。多煖而兒號寒，年豐而妻啼饑，試問社會安得安定。所以孔子對於爲政之道，必以富民爲先；旣欲富民，則不可不言利。子罕言利，乃對自己言之，其對大衆，絕不如此。「孟軻問子思曰牧民何先？子思曰先利之。曰君子所以敎民，亦有仁義而已矣，何必曰利。子思曰仁義固所以利之也。上不仁，則下不得其所，上不義，則下樂爲亂也。此爲不利大矣」（孔叢子第六篇雜訓）。其實，孟子雖不言利，而關於實際政治，亦同孔子一樣，先富後敎。他對梁惠王說王道，先則謂「不違農時，穀不可勝食也……五畝之宅樹之以桑……百畝之田勿奪其時」，次才說到「謹庠序之敎，申之以孝悌之義」（孟子注疏卷一上，梁惠王上）。蓋「無恒產而有恒心者惟士爲能，若民則無恒產，因無恒心，苟無恒心，放辟邪侈，無不爲已」，「是故明君制民之產，必使仰足以事父母，俯足以畜妻子，樂歲終身飽，凶年免於死亡」（孟子注疏卷一下，梁惠王上）。荀子說：「不富無以養民情（楊倞注，衣食足，知榮辱），不敎無以理民性（人性惡，故須敎）。故家五畝宅，百畝田，務其業而無奪其時，所以富之也。立大學，設庠序，修六禮，明十敎（註二〇），所以道（道之以德）之也」（荀子第二十七篇大略），卽亦主張先富後敎。他們所以主張富民，蓋如管子所說：「凡治國之道必先富民，民富則易治也，民貧則難治也。奚以知其然也，民富則安鄉重家；安鄉重家，則敬上畏罪；敬上畏罪則易治也。民貧則危鄉輕家，危鄉輕家，則敢陵上犯禁；陵上犯禁，則難治也。故治國常富，而亂國常貧。是以善爲國者，必先富民，然後治之」（管子第四十八篇治國）。在古代農業社會，富民之道只有「節用而愛人，使民以時」（論語，學而章），「省力役，薄賦斂」（孔子家語第十三篇賢君）。對此政策，孟荀兩子的意見完全相同。孟子說：「不違農時，穀不可勝食也。數罟不入洿池，魚鼈不可勝食也。斧斤以時入山林，材木不可勝用也。穀與魚鼈不可勝食，材木不可勝用，是使民養生喪死無憾也。養生喪死無憾，王道之始也。五畝之宅樹之以桑，五十者可以衣帛矣。鷄豚狗彘之畜無失其時，七十者可以食肉矣。百畝之田勿奪其時，數口之家可以無饑矣」（孟子注疏卷一上梁惠王上，參閱卷一下梁惠王上）。其尤重要的，則爲「薄稅斂」（孟子卷一上梁惠王上），「關市譏而不征，澤梁無禁」（孟子卷二上梁惠王下）。所謂「澤梁無禁」，卽國君不得封固山澤。蓋如穀梁傳所說：「山林藪澤之利所以與民共也，虞之非正也」（魯莊二十八年冬）。荀子亦說：「草木榮華滋碩之時，則斧斤不入山林，不夭其生，不絕其長也。黿鼉魚鼈鰌鱣孕別之時（別謂生育，與母分別也），罔罟毒藥不入澤，不夭其生，不絕其長也。春耕夏耘，秋收冬藏，四者不失時，故五穀不絕而百姓有餘食也。汙池淵沼川澤，謹其時禁，故魚鼈優多而百姓有餘用也。斬伐養長不失其時，故山林不童而百姓有餘材也」（荀子第九篇王制）。又說：「輕田野之稅，平關市之征，罕興力役，無奪農時，如是則國富矣」(荀子第十篇富國)。古人皆欲藏富於民，有若云：「百姓足，君孰與不足；百姓不足，君孰與足」(論語，顏淵章)。此卽荀子所說：「下貧則上貧，下富則上富」(荀子第十篇富國)。是故「足國之道，節用裕民，而善藏其餘(雖有餘，不耗費而善藏之)……裕民則民富，民富則田肥以易(易謂耕墾平易)，田肥以易，則出實百倍(所出穀實多也)。上以法取焉(法取謂什一也)，而下以禮節用之(謂不妄耗費也)，餘若丘山，不時焚燒，無所藏之(言多之極也)，夫君子何患乎無餘……不知節用裕民，則民貧。民貧則田瘠以穢(貧則不能施肥，而致耕耨失時也)。田瘠以穢，則出實不半(所得穀實不得其半)，上雖好取侵奪，猶狩寡獲也(上雖增加賦斂，而稅收仍少)……此無他故焉，不知節用裕民也」(荀子第十篇富國)。因是，荀子又說：「王者富民，霸者富士，僅存之國富大夫，亡國富筐篋，實府庫。筐篋已富，府庫已實，而百姓貧，夫是之謂上溢而下漏。入不可以守，出不可以戰，則傾覆滅亡可立而待也」(荀子第九篇王制)。但古代技術不甚發達，不能用積極的方法增加生產，只能用消極的方法，平均分配，使國內沒有大貧，也沒有大富。孔子說：「貧斯約(鄭玄注，約猶窮也)，富斯驕。約斯盜，驕斯亂……故聖人……使民富不足以驕，貧不至於約」(禮記注疏卷五十一坊記)。管子說：「甚富不可使，甚貧不知恥」(管子第三十五篇侈靡)。蓋「民富則不可以祿使也，貧則不可以刑威也。法令之不行，萬民之不治，貧富之不齊也」(管子第七十三篇國蓄)(註二二)。漢代學者董仲舒亦主張治民之法應先富後教。他說：「孔子謂冉子曰，治民者先富之，而後加教。語樊遲曰，治身者先難後獲，以此之謂治身之與治民所先後不同焉矣。詩云，飲之食之，教之誨之，先飲食而後教誨，謂治人也。又曰坎坎伐輻，彼君子兮，不素餐兮，先其事後其食，謂治身也」（春秋繁露第二十九篇仁義法）。又說：「大富則驕，大貧則憂。憂則爲盜，驕則爲暴，此衆人之情也。聖者則於衆人之情，見亂之所從生。故其制人道而差上下也，使富者足以示貴，而不至於驕；貧者足以養生，而不至於憂。以此爲度而調均之，是以財不匱，而上下相安，故易治也」（春秋繁露第二十七篇度制）。總之，富民乃爲政之本，也是政治的目的。一切行政能以富民爲先，又能愼思熟慮，謀其至善之法，必有成功。

註二〇 王先謙集解云：十當作七，明十教當作明七教。他引王制云：「司徒修六禮以節民用，明七教以興民德」。據孔穎達疏：「六禮謂冠一、婚二、喪三、祭四、鄉五、相見六。七教卽父子一、兄弟二、夫婦三、君臣四、長幼五、朋友六、賓客七」（禮記注疏卷十三王制）。

註二一 管仲此言與孔子之「貧斯約」云云，旨趣未必相同。儒家有此思想，是爲社會安全打算，法家則由刑賞的觀點言之。「子貢曰如有博施於民而能濟衆，何如，可謂仁乎。子曰何事於仁，必也聖乎，堯舜其猶病諸」，注引「孔曰君能廣施恩惠，濟民於患難，堯舜至聖，猶病其難」（論語注疏卷六雍也）。法家的韓非則攻擊人主施惠於民（參閱韓非子卷三十八難三，葉公子高問政於仲尼，或曰條）。他說：「今夫與人相若也（猶曰均是人也）。無豐年旁入之利，而獨以完給者，非力則儉也。與人相若也，無饑饉疾疚禍罪之殃，獨以貧窮者，非侈則惰也。侈而惰者貧，而力而儉者富。今上徵斂於富人，以布施於貧家，是奪力儉而與侈惰也。而欲索民之疾作而節用，不可得也（韓非子第五十篇顯學）。漢之桑弘羊也是屬於法家，他依管子之言，說道：「民大富，則不可以祿使也；大強，則不可以威罰也」（鹽鐵論第四篇錯幣）。又依韓非之言，說道：「共其地居是世也，非有災害疾疫，獨以貧窮，非惰則奢也。無奇業旁入，而猶以富給，非儉則力也。今日施惠悅爾，行刑不樂，則是閔無行之人，而養惰奢之民也。故妄予不爲惠，惠惡者不爲仁」（鹽鐵論第三十五篇授時）。斯言也，與儒家所稱道的「博施於人」，判然有別。王船山說：「人則未有不自謀其生者也。上之謀之，不如其自謀。上爲謀之，且弛其自謀之心，而後生計愈蹙」（讀通鑑論卷十九隋文帝）。王船山之言與歐洲近代之自由放任學說若合符節。

二、論「樂記」

禮記中有樂記三篇（禮記注疏卷三十七至卷三十九）。固然有人以爲漢河間獻王與其客取呂氏春秋中大樂適音爲樂記（呂氏春秋附考序說引宋黃震曰）。吾曾細閱大樂適音與樂記，其中相同者極少，到底是樂記採取呂氏春秋之說而闡揚之乎，抑或是呂氏春秋採取樂記之義而作大樂適音二篇。若比較樂記與呂氏春秋（大樂、適音）的優劣，則呂氏春秋不及樂記遠矣。

樂記不是單單泛論音樂，而是由心理研究音樂，再由音樂說到政治，而音樂又與節氣易理有關。古人學問是一貫的，互相貫通，與今人絕不相同。今人說甲，用甲的原理，說乙又用乙的原理。甲乙兩種原理有否互相衝突，今人常不之顧，而且不會知道。

樂記第一句便說：「凡音之起，由人心生也」（樂記上），繼着又說：「情動於中，故形於聲，聲成文，謂之音」（樂記上）。卽各種聲音無不由心而起，喜悅則發出歡聲，愁苦則發出哀聲。故云：「其哀心感者，其聲噍以殺。其樂心感者，其聲嘽以緩。其喜心感者，其聲發以散。其怒心感者，其聲粗以厲。其敬心感者，其聲直以廉。其愛心感者，其聲和以柔。六者非性也，感於物而後動」(樂記上)。又云：「人心之動，物使之然也」(樂記上)。即一方有「物」的刺激，他方有「心」的反應。蓋人類的精神活動，單就音樂言之，一切哀樂喜怒敬愛之發生，須有兩個條件，一是客觀的聲音，二是主觀的情緒。客觀上沒有聲音，吾人不會有所刺激；主觀上沒有情緒，吾人不會由刺激而引起反應。客觀的聲音乃存在於外界，主觀的情緒則生自吾人的內心。外界的聲音固然可以影響吾人的情緒，而吾人的情緒又可以決定聲音的色調。同一重音，有人以爲熱鬧，有人以爲喧嘩；同一低音，有人以爲蕭條，有人以爲清爽。此無他，每人的情緒不同，從而他們亦反應不一。

在一定時代，一定社會，又常有其特殊的社會心理。這個社會心理常影響於音樂之上，而使音樂表現出歡樂、怨恨、悲哀的色調。故云：「治世之音安以樂，其政和。亂世之音怨以怒，其政乖。亡國之音哀以思，其民困」(樂記上)。一方音樂受了社會心理的影響，或安以樂，或怨以怒，或哀以思。但是他方人心又常受到音樂的感動，使社會心理或由安樂變爲憂愁，或由邪僻變爲剛正。故云：「志微噍殺之音作，而民思憂。嘽諧慢易繁文簡節之音作，而民康樂。粗厲猛起奮末廣賁之音作，而民剛毅。廉直勁正莊誠之音作，而民肅敬。寬裕肉好順成和動之音作，而民慈愛。流辟邪散狄成滌濫之音作，而民淫亂」(樂記中)。簡單言之，「凡姦聲感人，而逆氣應之，逆氣成象，而淫樂興焉。正聲感人，而順氣應之，順氣成象，而和樂作焉」(樂記中)。所以孔穎達疏：「夫樂聲善惡，本由民心而生……樂之善惡，初則從民心而興，後乃……樂又下感於人。善樂感人，則人化之爲善，惡樂感人，則人隨之爲惡。是樂出於人，而還感人」（樂記中孔疏）。

音樂猶如小說，小說有主角，音樂亦有主聲（宮聲）。主角乃所以統一小說中的故事，主聲亦所以統一音樂中的音韻。主聲在於統一，故常居於領導的地位，應比別聲爲強（故余計算商角徵羽的方法與各書不同，當詳論於後）。但亦不可過強，主聲過強，將壓倒其他各聲，致現出孤立專擅的狀態；過弱，又將爲其他各聲所掩蔽，而致整個音樂，不能統一，吾人聽之，只覺混亂無章，不能協比呂律，而無法「變成方，謂之音」（樂記上）。所謂「變成方，謂之音」者謂音調（pitch）之高低，音量（loudness）之強弱，各種音色（timbre）均以主音爲標準而合於律呂。

荀子說：「樂則必出於聲音」（荀子第二十篇樂論）。聲有五，宮商角徵羽。音有八，金、石、土、革、絲、木、匏、竹。而爲調和五聲與八音，又有六律六呂。玆爲讀者容易了解起見，先從八音說起。

八音就是音色，音色由發音體不同而起。數種樂器同時並奏，雖聲音高低強弱相差不遠，而吾人聽之，亦能辨別其爲琴，其爲簫，其爲磬，就是因爲各種發音體之音色不同。周禮（注疏卷二十三）大師云：「播之以八音，金石土革絲木匏竹」。鄭玄注：「金，鍾鎛也。石，磬也。土，塤也。革，鼓鼗也。絲，琴瑟也。木，柷敔也。匏，笙也。竹，管簫也」。對此樂器，應說明的有四：一是塤，塤卽壎，「燒土爲之，大如鵝子，銳上平底，形如稱錘，六孔，小者如雞子」（爾雅第七篇釋樂，郭璞注），吹之，可發出聲音。二是柷，「柷如漆桶，方二尺四寸，深一尺八寸，中有椎柄連底，挏之令左右擊」（爾雅同上郭注）。三是敔，「敔如伏虎，背上有二十七鉏鋙，以木長尺櫟之」（爾雅同上郭注）。此兩種樂器，據尙書（卷五益稷）孔安國注，「戛擊柷敔，所以作止樂」。孔穎達疏，「樂之初，擊柷以作之，樂之將末，戛敔以止之」。四是匏，周禮大師，鄭玄注，「匏，笙也」。賈公彥疏，「笙以插竹於匏，但匏笙一也，故鄭以笙解」。匏即瓠，植物名，屬葫蘆科。古以十三管列置匏中，施簧管底，吹之發音。匏本身不會發音，發音乃由於管，故賈疏，「匏笙亦以竹爲之」。但笙之形狀與管簫不同，故別爲一音。周代樂器不但只此而已，以金言，除鐘鎛外，尙有錞、鐲、鐃、鐸等（周禮注疏卷十二鼓人）；以竹言，除管簫外，尙有竽、籥、篪、篴等（同上卷二十四笙師）。此外，周禮（卷二十四）還有「韎師掌教韎樂」，鄭注賈疏韎爲「東夷之樂」。「鞮鞻氏掌四夷之樂」，鄭注「王者必作四夷之樂，一天下也」。宋書（卷十九樂志一）：「周官韎師掌教韎樂，祭祀則帥其屬而舞之，大享亦如之。韎東夷之樂也。又鞮鞻氏掌四夷之樂，祭祀則次而歌之，燕亦如之。四夷之樂乃入宗廟」。樂器增加，爲了配合律呂，周代除五聲外，又增加變宮變徵，「所以濟五聲之不及也」。杜氏通典注曰，自殷以前，但有五音（應作五聲），自周以來，加文武二聲，謂之七聲，五聲爲正，二聲爲變」（引自明倪復撰鐘律通考卷二第十章二變相生之法）。「杜氏曰五聲相生，而獨宮徵有變聲，何也？宮爲君，商爲臣，角爲民，徵爲事，羽爲物……臣有常職，民有常業，物有常形，不可以遷，遷則失其常矣。商與角羽三聲，此其無所變也。君總萬事，不可執於一方；事通萬變，不可滯於一隅，故宮徵二聲必有變也」。倪復說：「愚謂樂所以象，成周加二變於五音（應作五聲），以象時事也。紂肆於民，而天絕之，民叛之，君之位亡矣，故武王不得不誅其君而代之，此宮之所以變也。紂之所以爲賊仁賊義之事，武王欲繼文王之政而行之，則紂之事不可不改也，此徵之所以變也。此變宮變徵之所爲起也」。又「愚按……自武王之時，始有此七律（七聲），其義自與商夏樂異也」（鐘律通考卷二第十一章三分損益上下相生之辨）。至漢，因與外族接觸，外族樂器傳入中國者更多，如笛出於羌中，箜篌出於西域，琵琶出於胡中。經五胡亂華，而至南北對立，樂器愈多。爲了配合律呂，變宮變徵更比成周爲多。舉一例說，「黃鐘爲宮（笛爲第一孔），應鐘爲變宮（第二孔），南呂爲羽（第三孔），林鐘爲徵（第四孔），蕤賓爲變徵（第五附孔），姑洗爲角（笛體中聲），太簇爲商（笛後出孔）」（宋書卷十一律志序，這只是正聲調法，此外尙有下徵調法及清角之調）。其實，「古雅樂更秦亂而廢，漢世惟採荊楚燕代之謳，稍協律呂，以合八音之調，不復古矣。晉宋六朝以降，南朝之樂多用吳音，北國之樂僅襲北俗。及隋平江左，清商等樂存者什四，世謂華夏正聲，蓋俗樂也。漢世徒以俗樂定雅樂，隋代以來，則以胡樂定雅樂」（新元史卷九十一樂志），所以唐新志（新唐書卷二十二禮樂志）云：「自周（北周）以上，雅鄭淆雜而無別」。降至宋代，音樂大亂，本來是擊柷以作樂，戛敔以止樂，而宋「擊柷而聲已過，擊敔而聲不止」（宋史卷一百二十七樂志）。此後樂器更多，經元至明，「士大夫之著述只能論其理，而施諸五音六律，輒多未叶。樂官能紀其鏗鏘鼓舞，而不曉其義。凡聲容之次第，器數之繁縟，在當時非不燦然俱舉，第雅俗雜出，無從正之」。「十二律五聲皆不得正」（明史卷六十一樂志）。清時雖有改制，然太過繁碎（清史卷九十五至九十六樂志）。民國成立，音樂歌曲多俗不可耐。

古人將八音與八節八風八卦相配。何謂八節，一年分爲二十四節，或謂始自周代。但古人所重視的只有八節，即春分、秋分、冬至、夏至、立春、立夏、立秋、立冬。左僖五年「凡分至啓閉，必書雲物」。杜預注：「分，春秋分也。至，冬夏至也。啓，立春立夏。閉，立秋立冬。雲物氣色災變也」。孔穎達疏：「一年分爲四時，時皆九十餘日。春之半，秋之半，晝夜長短等，晝夜中分百刻，故春秋之半稱春秋分也。冬之半，夏之半，晝夜長短極，極則爲至，故冬夏之半稱冬夏至也。四時之氣寒暑不同，春夏生物，秋冬殺物。生物則當啓，殺物則當閉，故立春立夏爲啓，立秋立冬爲閉。言物謂氣色者，謂非雲而別有氣色。杜恐與雲相亂，故別云氣色也」。茲依陽曆，將二十四節列表如次，其中有黑線者爲八節。

二十四節表

四季	節氣	月　日
春	立春	二月四日或五日
	雨水	二月十九日或二十日
	驚蟄	三月五日或六日

	春分	三月二十一日或二十二日
	清明	四月五日或六日
	穀雨	四月二十日或二十一日
夏	立夏	五月六日或七日
	小滿	五月二十一日或二十二日
	芒種	六月六日或七日
	夏至	六月二十一日或二十二日
	小暑	七月七日或八日
	大暑	七月二十三日或二十四日
秋	立秋	八月八日或九日
	處暑	八月二十三日或二十四日
	白露	九月八日或九日
	秋分	九月二十三日或二十四日

	節氣	
	寒露	十月八日或九日
	露降	十月二十三日或二十四日
冬	立冬	十一月七日或八日
	小雪	十一月二十二日或二十三日
	大雪	十二月七日或八日
	冬至	十二月二十二日或二十三日
	小寒	一月六日或七日
	大寒	一月二十日或二十一日

茲再依漢書（卷二十一下）律曆志，並參考顏師古注，將八節及其在夏商周三代那一個月，列表如次，以供讀者參考。

八節	三代月份	備考
立春	夏正月 商二月 周三月	是月也，立春之後尚有雨水

春分	夏二月	商三月	周四月	是月也，春分之前尚有驚蟄
夏三月，商四月，周五月有清明及穀雨				
立夏	夏四月	商五月	周六月	是月也，立夏之後尚有小滿
夏至	夏五月	商六月	周七月	是月也，夏至之前尚有芒種
夏六月，商七月，周八月有小暑及大暑				
立秋	夏七月	商八月	周九月	是月也，立秋之後有處暑
秋分	夏八月	商九月	周十月	是月也，秋分之前有白露
夏九月，商十月，周十一月有寒露及霜降				

立冬	夏十月 商十一月 周十二月	是月也，立冬之後有小雪
冬至	夏十一月 商十二月 周正月	是月也，冬至之前有大雪
夏十二月，商正月，周二月有小寒及大寒		

依上列兩表，可知今日所謂陽曆實是商正。左隱「經元年春王正月」，孔穎達疏，「三代異制，正朔不同……周之二月三月皆是前世之正月也……王二月者言是我王（周）之二月，乃殷之正月也。王三月者，言是我王之三月，乃夏之正月也」。今若以立春之月爲春季之始，立夏之月爲夏季之始，立秋之月爲秋季之始，立冬之月爲冬季之始，更可證明商正適與今日陽曆吻合。即由二月至四月爲春，由五月至七月爲夏，由八月至十月爲秋，由十一月至翌年正月爲冬。四季之中，第一月及第二月均有八節之一，第三月無之。

八音不但與八節配合，又與八風及八卦配合。呂氏春秋（卷十三有始覽）固曾述及八風，其內函雖與其他古書所述者無別，而其名稱則大不相同，故從略。白虎通（第三卷八風）所述八風則與淮南子（卷三天文訓）幾乎一樣。淮南子撰述在前，白虎通撰述在後，故本篇只引淮南子，而略白虎通。淮南子天文訓云：

何謂八風？距冬至（廣莫風至）四十五日，條風至（高誘注，艮卦之風，一名融，爲笙（匏）也。武按在立春日，即陽曆二月四日或五日）。條風至四十五日，明庶風至（高注，震卦之風也，爲管（竹）也。武按在春分日，即陽曆三月二十一日或二十二日）。明庶風至四十五日，清明風至（高注，巽卦之風也，爲柷（木）也。武按在立夏日，即陽曆五月六日或七日）。清明風至四十五日，景風至（高注，離卦之風也，爲絃（絲）也。武按在夏至日，即陽曆六月二十一日或二十二日）。景風至四十五日，涼風至（高注，坤卦之風，爲塤（土）也。武按在立秋日，即陽曆八月八日或九日）。涼風至四十五日，閶闔風至（高注兌卦之風，爲鐘（金）也。武按在秋風日，即陽曆九月二十三日或二十四日）。閶闔風至四十五日，不周風至（高注，乾卦之風也，爲磬（石）也。武按在立冬日，即陽曆十一月七日或八日）。不周風至四十五日，廣莫風至（高注，坎卦之風也，爲鼓（革）也。武按在冬至日，即陽曆十二月二十二日或二十三日）。

除淮南子之外，左傳孔穎達之疏亦値得注意，左隱五年九月考仲子之宮，將萬（舞也）焉，衆仲曰夫舞所以節八音而行八風。孔穎達疏：

八方風氣寒暑不同，樂能調陰陽、和節氣……服虔以爲八卦之風，乾音石，其風不周。坎音革，其風廣莫。艮音匏，其風融。震音竹，其風明庶。巽音木，其風清明。離音絲，其風景。坤音土，其風涼。兌音金，其風閶闔。易緯通卦驗云：立春調風至，春分明庶風至，立夏清明風至，夏至景風至，立秋涼風至，秋分閶闔風至，立冬不周風至，冬至廣臭風至。

又左昭二十年十二月「八風」，孔穎達疏：

易緯通卦驗云：立春調風至……冬至廣莫風至（全文已舉於上）。調風一名融風，昭十八年傳云是爲融風，是調融同也。此八方之風以八節而至。但八方風氣寒暑不同，樂能調陰陽，和節氣……八節之風亦與八卦八音相配。賈逵云：兌爲金，爲閶闔風也。乾爲石，爲不周風也。坎爲革，爲廣莫風也。艮爲匏，爲融風也。震爲竹，爲明庶風也。巽爲木，爲清明風也。離爲絲，爲景風也。坤爲土，爲涼風也。

玆將八卦、八音、八風、八節列表如次，但除八風與八節有關係之外，其與八卦、八音之關係如何，古書未曾說明：

八卦	八音	八風	八節
乾（☰）	石	不周風	立冬（十一月）
兌（☱）	金	閶闔風	秋分（九月）
離（☲）	絲	景風	夏至（六月）
震（☳）	竹	明庶風	春分（三月）
巽（☴）	木	清明風	立夏（五月）

坎（☵）	革	廣莫風	冬至（十二月）
艮（☶）	匏	融風	立春（二月）
坤（☷）	土	涼風	立秋（八月）

註　八卦之排列是依通說。據周易，卷九「周易說卦」，乾與坤，震與巽，坎與離，艮與兌是相對的，而其符號則又相反。今以陽字代一，陰字代╍。乾，三畫皆為陽；坤三畫皆為陰。震上二陰而下為陽；巽上二陽而下為陰。坎，陽在中而上下為陰；離，陰在中，而上下為陽。艮，上一陽而下二陰；兌，上一陰而下二陽，是兩兩相對，而又相反。

現在再進一步，說明五聲與六律六呂（亦常合稱為十二律）。五聲為宮商角徵羽，此乃以聲之高低為標準。史記（卷二十五律書），說明「律數」云

九九八十一以為宮

三分去一，五十四以為徵（$81\times\frac{2}{3}=54$）

三分益一，七十二以為商（$54\times\frac{4}{3}=72$）

三分去一，四十八以為羽（$72\times\frac{2}{3}=48$）

三分益一，六十四以爲角（$48\times\frac{4}{3}=64$）

但五聲並不固定，乃隨月而變。禮運（禮記注疏卷二十二）云：「五聲六律十二管還相爲宮」，鄭玄注：「五聲宮商角徵羽也，其管（古人以十二管，用吹灰候氣之法，定十二律，見後漢書卷十一律曆志上）（註一）陽曰律，陰曰呂，布十二辰，始於黃鐘，管長九寸，下生者三分去一，上生者三分益一，終於南呂，更相爲宮，凡六十也」。孔穎達疏：「五聲謂宮商角徵羽。六律謂陽律也。舉陽律，則陰呂從之可知，故十二管也。十一月黃鐘爲宮，十二月大呂爲宮，是還迴迭相爲宮也」。周禮（卷二十三大師）云：「大師掌六律六同（六同卽六呂）以合陰陽之聲。陽聲、黃鐘太蔟姑洗蕤賓夷則無射。陰聲、大呂應鐘南呂函鐘小呂夾鐘」。周禮關於六呂之排列及名稱與各書不同，例如漢書（卷二十一律曆志上），「陽六爲律，陰六爲呂。律，一曰黃鐘，二曰太蔟，三曰姑洗，四曰蕤賓，五曰夷則，六曰亡射。呂，一曰林鐘，二曰南呂，三曰應鐘，四曰大呂，五曰夾鐘，六曰中呂」。周禮（卷二十二大司樂）鄭玄注：「函鐘一名林鐘，小呂一名中呂」，所以兩書所不同的，只有排列之次序。

註一　前清江永撰律呂闡微卷十餘論，有「論候氣不可信」。意謂「古無候氣之說，月令與呂氏十二月紀所謂某月中律者，言與某律相當耳，非眞謂理管於地，氣應灰飛也」。

何謂下生，上生？史記（卷二十五律書）。「術曰以下生者倍其實，三其法（卽乘以三分之二）；以上生者四其實，三其法」（卽乘以三分之四）。五聲之下生上生已舉史記之言如上。至於六律六呂，如何下生，如何上生，史記所述不甚明晰。固然古書解釋之者不少，據余所知，最早對這問題有所論述的是呂氏春秋（卷六之二音律），其次是淮南子（卷三天文訓），其次是漢書（卷二十一律曆志上），其次是周禮鄭玄之注（周禮注疏卷二十三大師），這不是說，除此之外，東漢爲止，再沒有別書論述。例如劉向的「說苑」卷十九「修文」，亦曾談到十二律呂的上生下生。玆只舉呂、淮、班三書，依其撰述先後，抄錄原文如次。

呂氏春秋：黃鐘生林鐘（高誘注，黃鐘十一月律，林鐘六月律），林鐘生太簇（太簇正月律），太簇生南呂（南呂八月律），南呂生姑洗（姑洗三月律），姑洗生應鐘（應鐘十月律），應鐘生蕤賓（蕤賓五月律），蕤賓生大呂（大呂十二月律），大呂生夷則（夷則七月律），夷則生夾鐘（夾鐘二月律），夾鐘生無射（無射九月律），無射生仲呂（仲呂四月律）。三分所生，益之一分以上生，三分所生，去其一分以下生。黃鐘大呂太簇夾鐘姑洗仲呂蕤賓爲上。林鐘夷則南呂無射應鐘爲下。

淮南子：黃鐘爲宮其數八十一，主十一月。下生林鐘，林鐘之數五十四，主六月。上生太簇，太簇之數七十二，主正月。下生南呂，南呂之數四十八，主八月。上生姑洗，姑洗之數六十四，主三月。下生應鐘，應鐘之數四十二，主十月。上生蕤賓，蕤賓之數五十七，主五月。上生大呂，大呂之數七十六，主十二月。下生夷則，夷則之數五十一，主七月。上生夾鐘，夾鐘之數六十八，主二月。下生無射，無射之數四十五，主九月。上生仲呂，仲呂之數六十，主四月。

註　由十一月之黃鐘至六月之林鐘，中間空隔六個月。由六月之林鐘至正月之太簇，中間亦空隔六個月。以下均如此空隔。

漢書：黃鐘……三分損一，下生林鐘。三分林鐘益一，上生太簇。三分太簇損一，下生南呂。三分南呂益一，上生姑洗。三分姑洗損一，下生應鐘。三分應鐘益一，上生蕤賓。三分蕤賓損一，下生大呂（從此句始，以下所述均與各書不同）（註二）。三分大呂益一，上生夷則。三分夷則損一，下生夾鐘。三分夾鐘益一，上生亡射。三分亡射損一，下生中呂。

註二　補注引沈欽韓曰「淮南作上生」。又引錢大昕曰「淮南以爲蕤賓重上生大呂，故自蕤賓而下，相生之序與此相反」。武按淮南子謂蕤賓之數五十七，大呂之數七十六。蕤賓下生大呂，大呂之數只有 $57\times\frac{2}{3}=36$，不能爲七十六。只唯蕤賓重上生大呂，才得七十六之數。

漢書均是一下一上，順序至蕤賓，便下生中呂，這是與呂氏春秋及淮南子不同之點。補注沈欽韓謂「班義爲乖」，卽謂班固所撰漢書律曆志，關於下生上生，有乖音律。至於鄭注周禮大師職，其文乃與左昭二十年孔疏及禮記卷十四月令孔疏所引之鄭注周禮，自蕤賓以下，完全不同，而兩書孔疏所引鄭注又與呂氏春秋及淮南子吻合。原因何在？是否余所閱「周禮注疏」之版本有錯，抑或孔疏對於鄭注曾加修正。三書（周禮大師，左昭二十年，禮記月令）所舉鄭注，文字甚長，玆只列表以示之。

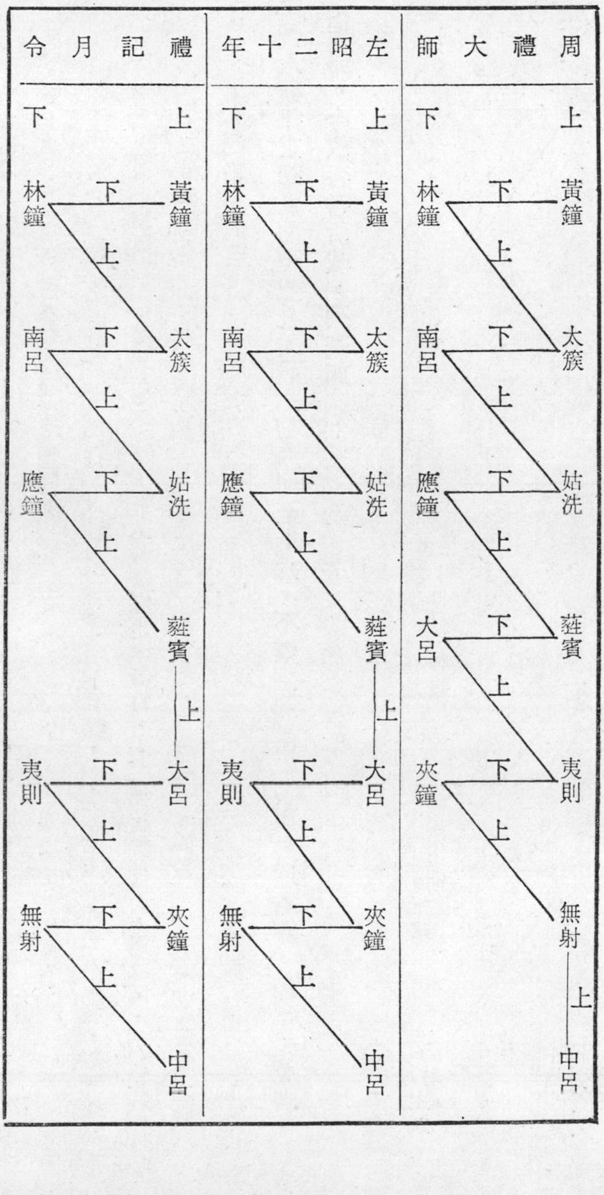

註　三書均有鄭注「五下六上」之語。周禮所引鄭玄之注，錯在以大呂爲下，因是，夷則夾鐘無射均錯了。又爲證實「五下六上」之說，便於無射爲上之後，再以中呂爲上。據明代倪復撰「鐘律通考」卷四第十九章「旋宮八十四聲圖」引鄭康成曰「……應鐘又上生蕤賓之九四，蕤賓又下生大呂之六四

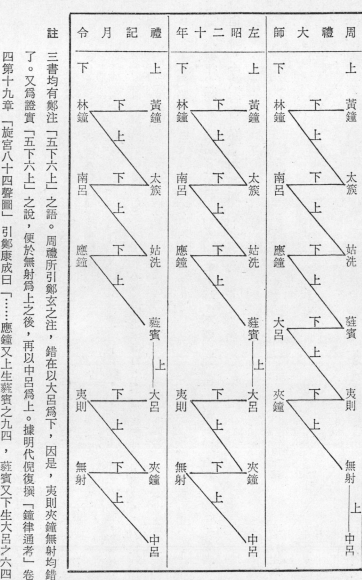

……夾鐘又上生無射之上九，無射又下生仲呂之上六。五下六上乃一終也」。蕤賓下生大呂，已經錯了（蕤賓之數五十七，大呂之數七十六，不能謂爲下生）。無射下生仲呂，又與周禮鄭注不同。其下生上生全依漢志，並非五下六上，而是六下五上。

左昭及月令，均以蕤賓爲上生，跟着大呂便「重上生」，從而自夷則始，順序一下一上，至中呂便爲上生了。此與呂氏春秋及淮南子相同。

上生若合黃鐘言之，月令（禮記注疏卷十四月令孟春之月）孔疏，「應云七上，而云六上者，以黃鐘爲諸律之首，物莫之先，似若無所稟生，故不數黃鐘也。其實，十二律終於仲呂，還反歸，黃鐘生於仲呂，三分益一，大約得應黃鐘之數」。余按仲呂之數六十，三分益一，即$60\times\frac{4}{3}=80$，與黃鐘之數八十一約略相等。

吾人觀律之初九而至上九，呂之初六而至上六，不禁想到律呂乃與易理有關。即律是乾卦，呂是坤卦。今依各書所載，列表如次：

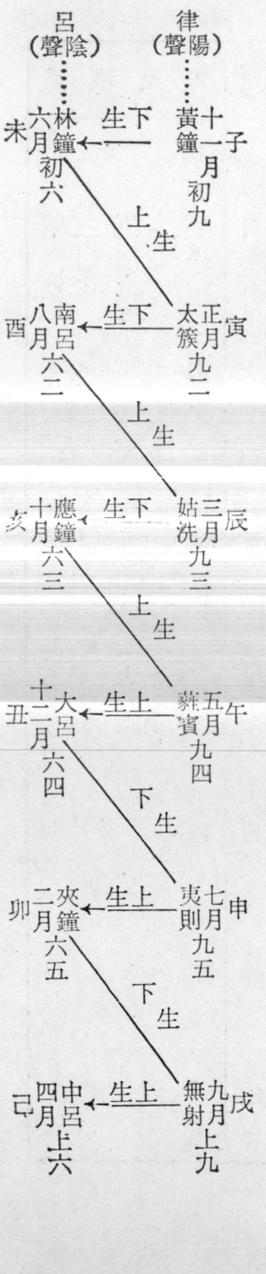

註　上表所注之子丑寅……等是根據禮記卷十四月令孔穎達疏，「此言孟春者夏正建寅之月也……正月建寅，二月建卯，三月建辰，四月建巳，五月建午，六月建未，七月建申，八月建酉，九月建戌，十月建亥，十一月建子，十二月建丑也」。漢書卷二十一律曆志上，補注引錢大昕曰，「今案律書，黃鐘子，林鐘丑，太簇寅，南呂卯，姑洗辰，應鐘巳，蕤賓午，大呂未，夷則申，夾鐘酉，無射戌，中呂亥」。史記（卷二十五）律書，「生鐘分」，說明深奧，初學者未必了解，故不引。呂氏春秋（卷六季夏紀）音律，「仲冬日短至（冬至日）則生黃鐘」云云，未曾說到十二時辰；淮南子（卷五）時則訓，「孟春之月，招搖指寅……律中太簇」云云，雖曾說到十二時辰，文字難澁，難於了解，故均從略。

易有八卦，即乾、兌、離、震、巽、坎、艮、坤，每卦均有三爻，合二卦成爲完整的卦，共有六十四。例如屯卦（䷂），王弼注云「震下坎上」，下三爻（☳）爲震，上三爻（☵）爲坎。每一完整的卦，必由下而上，倒讀並倒數之。而陽則以九表示，陰則以六表示。上舉之屯卦，最下畫爲⚊，故爲初九。倒數第二畫爲⚋，故爲六二，倒數第三畫爲⚋，故爲六三。倒數第四畫爲⚋，故爲六四。倒數第五畫爲⚊，故爲九五。倒數第六畫，即最上畫爲⚋，故爲上六。即屯卦爲初九，六二、六三、六四、九五、上六。總之，易卦最先必爲初九或初六，最後必爲上九或上六，中間變化必爲二、三、四、五。唯在陽（⚊），上加九字，如九二是。在陰（⚋），上加六字，如六二是。如斯排列有似於律呂。唯易由八卦演變爲六十四卦。音樂固有八音，但十二律呂乃以五聲配合，故只有六十變化。

每一律呂約有五聲，前已說過五聲並不固定，乃隨月而變，卽如禮運所謂「還相爲宮」，鄭注亦云：「更相爲宮」，孔疏又謂「十一月黃鐘爲宮，十二月大呂爲宮，是還廻迭相爲宮也」（禮記注疏卷二十二禮運）。晉書（卷二十二樂志）云：「十一月之管謂之黃鐘，正月之管謂爲太蔟，三月之管名爲姑洗，五月之管名爲蕤賓，七月之管名爲夷則，九月之管名爲無射。十二月之管名爲大呂，十月之管名爲應鐘，八月之管名爲南呂，六月之管名爲林鐘，四月之管名爲仲呂，二月之管名爲夾鐘」，卽如舊唐書（卷二十八音樂志）所說，「以十二律各順其月，旋相爲宮」。凡宮變之時，徵商羽角亦變。同一名稱的音器（例如絃或管）旣可發出五聲，則每種音器應依十二律呂之變化，構造有所不同而後可。玆以管絃爲例說明如次：

就管說，漢書（卷二十一上）律曆志云：「五聲之本，生於黃鐘之律，九寸爲宮，或損或益，以定商角徵羽」。所謂損就是下生，「倍其實，三其法」。所謂益就是上生，「四其實，三其法」（史記卷二十五律書）。玆依此法，計算管長如次：

律呂名	管長	仿月
黃鐘	9寸	十一月
林鐘	$9 \times \frac{2}{3} = 6$寸	六月
大蔟	$6 \times \frac{4}{3} = \frac{24}{3} = 8$	正月

南呂	$8\times\frac{2}{3}=\frac{16}{3}=5\frac{1}{3}$	八月
姑洗	$\frac{16}{3}\times\frac{4}{3}=\frac{64}{9}=7\frac{1}{9}$	三月
應鐘	$\frac{64}{9}\times\frac{2}{3}=\frac{128}{27}=4\frac{20}{27}$	十月
蕤賓	$\frac{128}{27}\times\frac{4}{3}=\frac{512}{81}=6\frac{26}{81}$	五月
大呂	$\frac{512}{81}\times\frac{4}{3}=\frac{2048}{243}=8\frac{104}{243}$	十二月
夷則	$\frac{2048}{243}\times\frac{2}{3}=\frac{4096}{729}=5\frac{451}{729}$	七月
夾鐘	$\frac{4096}{729}\times\frac{4}{3}=\frac{16384}{2187}=7\frac{1075}{2187}$	二月
無射	$\frac{16384}{2187}\times\frac{2}{3}=\frac{32768}{6561}=4\frac{6524}{6561}$	九月
中呂	$\frac{32768}{6561}\times\frac{4}{3}=\frac{131072}{19683}=6\frac{12974}{19683}$	四月

以上管長與鄭玄之注周禮（卷二十三大師），孔穎達之疏禮記（卷十四月令），完全相同。但二氏均依管之長短，順序述之。賈公彥之疏周禮（卷二十三大師）雖依下生上生之法，而只述至應鐘爲止。賈氏云：「黃鐘長九寸，下生林鐘，三分減一，故林鐘長六寸。林鐘上生大蔟，三分益一，故大蔟長八寸。大蔟下生南呂，三分減一，南呂之管長五寸三分寸之一。南呂上生姑洗，三分益一，姑洗之管長七寸九分寸之一。姑洗下生應鐘，三分去一，應鐘之管長四寸二十七分寸之二十。自

此已下，相生皆以爲三分數而爲減益之法，其義可知，故不具詳也」。即應鐘上生蕤賓，三分益一，長六寸八十一分寸之二十六。蕤賓上生大呂，三分益一，長八寸二百四十三分寸之一百四。大呂下生夷則，三分減一，長五寸七百二十九分寸之四百五十一。夷則上生夾鐘，三分益一，長七寸二千一百八十七分寸之千七十五。夾鐘下生無射，三分減一，長四寸六千五百六十一分寸之六千五百二十四。無射上生中呂，三分益一，長六寸萬九千六百八十三分寸之萬二千九百七十四。

就絲說，禮記（卷十四月令）孔穎達疏，「律曆志（漢書卷二十一上）云，五聲之本，生黃鍾律之九寸爲宮，於管則九寸，於絲則九九八十一絲也。律曆志又云，或損或益，以定宮商角徵羽。宮三分去一，下生徵，徵數五十四。徵三分益一，上生商，商數七十二。商三分去一，下生羽，羽數四十八。羽三分益一，上生角，角數六十四，是其損益相生之數也」。孔穎達在各書中之疏（左昭二十年孔疏，禮記卷三十七樂記上），關於絲數，均說到姑洗爲止。史記（卷二十五律書）亦然。唯淮南子（卷三天文訓）才將全部絲數列舉出來，此已述之於上（六一頁），不再重複。沈約所撰宋書（卷十一）之律志亦舉出全部絲數。但下生上生常有小數，小數或改爲整數一，或捨去不要，其取捨又無一定標準，並非依四捨五入，改爲整數。茲先舉兩書所不同的如次。

應鐘　淮南子作四十二，宋書作四十三。

夷則　淮南子作五十一，宋書作五十。

夾鐘　淮南子作六十八，宋書作六十七。

今再依下生上生之法，依淮南子所定絲數，計算列表如次。因爲淮南子之著作在前，宋書之著作在後，兩書只有小小差異，自應以先著者爲準。表中之月份，淮南子及宋書均有之。至於五聲，五行則依禮記月令。

律呂名	絲數	月份	五聲	五行
黃鐘	81	十一月	羽	水
林鐘	$81\times\frac{2}{3}=\frac{162}{3}=54$	六月	徵	火
大蔟	$54\times\frac{4}{3}=\frac{216}{3}=72$	正月	角	木
南呂	$72\times\frac{2}{3}=\frac{144}{3}=48$	八月	商	金
姑洗	$48\times\frac{4}{3}=\frac{192}{3}=64$	三月	角	木
應鐘	$64\times\frac{2}{3}=\frac{128}{3}=42$強	十月	羽	水
蕤賓	$42\times\frac{4}{3}=\frac{168}{3}=57$（註三）	五月	徵	火
大呂	$57\times\frac{4}{3}=\frac{228}{3}=76$	十二月	羽	水
夷則	$76\times\frac{2}{3}=\frac{152}{3}=51$弱	七月	商	金

夾鐘	$51\times\frac{4}{3}=\frac{204}{3}=68$	二月	角	木
無射	$68\times\frac{2}{3}=\frac{136}{3}=45$強	九月	商	金
中呂	$45\times\frac{4}{3}=\frac{180}{3}=60$	四月	徵	火

註三　蕤賓應作五十六，但上面之應鍾爲四十二強，故兩書均爲五十七。

觀上列兩表所載之管長及絲數，吾人可發生下述兩種見解：

㈠每年由十一月至翌年四月（冬春二季），管長而絲多，由五月至十月（夏秋二季），管短而絲少，尤以絲數之長短更見明顯。據孔穎達疏，「凡數多者濁，數少者清」（禮記卷十四月令）。濁指重聲，清指輕聲（註四）。二十四節之中，以八節爲重要。立冬在十一月，冬至在十二月。立春在二月，春分在三月。立夏在五月，夏至在六月。立秋在八月，秋風在九月。冬季寒冷，音樂之聲宜重，夏季炎熱，音樂之聲宜輕。蓋嚴寒而奏清幽之聲，聽者心理必感蕭條。酷熱而奏喧囂之聲，聽者心理又感煩燥。黃鐘爲十一月之宮，絲數八十一，大呂爲十二月之宮，絲數七十六。蕤賓爲五月之宮，絲數五十七，林鐘爲六月之宮，絲數五十四。氣流隨節而變，五聲及律呂亦宜隨月而異。今人不問節氣如何，寒暑如何，鑼鼓之聲震耳欲聾，而俗人却認爲固有文化，是值不知樂耳。

註四　朱載堉論曰「世儒論五聲，謂最大而濁者爲宮；最小而清者爲羽。商之大次於宮，徵之小次於羽，而角居大小清濁之中。古人雖有是言，以理評之，似是而非，知音之士必無是說也。太史公之書謂八十一爲宮，五十四爲徵，則宮大而徵小。管子之書（第五十八篇地員）謂宮八十一，徵一百有八，則宮小而徵大。二說不同，而宮與徵未嘗非其音。蓋一百八則五十四加倍之數，五十四即一百八折半之聲耳。史記序五音，先宮商角而後徵羽，管子序五音，先徵羽而後宮商角。假令世俗評二家之得失，料其從馬遷者十中有九，是夷吾者百中無一。不知先徵羽而後宮商角亦可也。先宮商角而後徵羽亦可也。宮大於徵亦可也，徵大於宮亦可也。十二律旋相爲宮，宮無定位，豈可拘於淸濁大小之說。蓋夷吾所得者深，馬遷所知者淺。淺者人所共知，深者俗所難解也。」（引自江永撰律呂闡微卷七旋宮）。

㈡上表所載，五聲之中不見宮，五行之中不見土，禮記（注疏卷十六）月令云，「中央土，其音宮」。孔穎達疏：「以木配春，以火配夏，以金配秋，以水配冬，以土則每時輒寄，雖每分寄，而位本」。又疏：「土義居中」。禮記（注疏卷二十二）禮運云：「播五行於四時」，孔穎達疏，「播謂播散五行金木水火土之氣於春夏秋冬之四時也」。又疏，「播五行四時，謂宣播五行及四時也。五行四時者，以金木水火各爲一行，土無正位，分寄四時，故云播五行於四時也」。土無正位，而分寄於四時，則宮亦必分寄於四時十二月。孔又疏云，「黃鐘爲第一宮，下生林鐘爲徵，上生太蔟爲商，下生南呂爲羽，上生姑洗爲角。林鐘爲第二宮，上生太蔟爲徵，下生南呂爲商，上生姑洗爲羽，下生應鐘爲角。太蔟爲第三宮，下生南呂爲徵，上生姑洗爲商，下生應鐘爲羽，上生蕤賓爲角。南呂爲第四宮，上生姑洗爲徵，下生應鐘爲商，上生蕤賓爲羽，上生大呂爲角。姑洗爲第五宮，下生應鐘爲徵，上生蕤賓爲商，上生大呂爲羽，下生夷則爲角。應鐘爲第六宮，上生蕤賓爲徵，上生大呂爲商，下生夷則爲羽，上生夾鐘爲角。蕤賓爲第七宮，上生大呂爲徵，下生夷則爲商，上生夾鐘爲羽，下生無射爲角。大呂爲第八宮，下生夷則爲徵，上生夾鐘爲商，下生無射爲羽，上生中呂爲角。夷則爲第九宮，上生夾鐘爲徵，下生無射爲商，上生中呂爲羽，上生黃鐘爲角。夾鐘爲第十宮，下生無射爲徵，上生中呂爲商，上生黃鐘爲羽，下生林鐘爲角。無射爲第十一宮，上生中呂爲徵，上生黃鐘爲商，下生林鐘爲羽，上生太蔟爲角。中呂爲第十二宮，上生黃鐘爲徵，下生林鐘爲商，上生太蔟爲羽，下生南呂爲角。是十二宮各有五聲，凡六十聲。南呂最處於末，故云，終於南呂……夫十二律之變至於六十，猶八卦之變至於六十四……禮運曰五聲六律十二管（實卽六律六呂）還相爲宮，此之謂也」。余對於孔氏之疏不敢贊同，蓋各書所載之絲數乃依十一月以黃鐘爲宮言之，月份不同，除宮聲已定之外，依我個人解釋，徵商羽角亦必有所變更，故後漢書（卷十一）律曆志上云：「各自爲宮，而商徵以類從焉」。例如六月以林鐘爲宮，絲數五十四，依上生下生之法（以黃鐘爲宮，黃鐘下生林鐘，林鐘上生太蔟。今既以林鐘爲宮，則依宮生徵，徵生商，商生羽，羽生角之法，其損益自應變更），徵商羽角之絲數應如次表。

六月——林鐘——宮——54（絲數）

徵——$54 \times \frac{2}{3} = 36$

商——$36 \times \frac{4}{3} = 48$

羽——$48 \times \frac{2}{3} = 32$

角——$32 \times \frac{4}{3} = 43$

此雖係余個人的解釋，孔穎達之疏禮運，林鐘（絲數五十四）爲宮之時，上生大蔟爲徵（絲數七十二），下生南呂爲商（絲數四十八），上生姑洗爲羽（絲數六十四），下生應鐘爲角（絲數四十三），則不但宮聲不是數多而聲濁（重聲），而角數亦不完全是「少於宮商，多於徵羽」（禮記卷十四月令孔疏）。吾國音樂乃與易理相通。易，變也，月份變，宮聲旣隨之而變，則以十一月以黃鐘爲宮而定下之徵商羽角，以及下生上生，自亦當變。

總之我對於古代音樂有兩種意見，一是冬季聲濁（重聲），夏季聲清（輕聲）。二是宮商角徵羽乃隨月而異，禮記（注疏卷十六月令）「中央土，其音宮，律中黃鐘之宮」，孔疏引賀瑒云：「黃鐘是十一月管，何緣復應此月（季夏之末）」。「蔡氏及熊氏以爲黃鐘之宮謂黃鐘少宮也，半黃鐘九寸之數，管長四寸五分」。孔氏反駁說：「六月黃鐘之律長六寸，七月夷則，長五寸三分有餘，何以四寸五分之律於六月候之乎，又土聲最濁，何得以黃鐘平聲相應乎」，由此可知古人已經發生疑問。依吾人之意，每月之宮可依禮運孔疏，「黃鐘爲第一宮（十一月），林鐘爲第二宮（六月）……」，宮之管長及絲數固然固定，而商角徵羽，則隨第一宮，第二宮……而變更，並不是如各書所載之爲固定。如斯解釋固然可以引起學者反對。但吾人以爲經書已經難解，古人的解釋亦未必眞確，只要其能合於整個原則，而說明又頗合理，卽爲眞確。古人於五聲之外，又加以變宮變徵（見左昭二十年孔疏引賈逵言），卽爲適應宮聲也。玆宜知道的，古者編鐘，有以十二律爲準，倍其數，而爲二十四者。又有以七聲（宮商角徵羽加上變宮變徵）爲準，倍其數，而爲十四者。而管則有長短巨細，其孔亦有六八兩說，此蓋樂器增加，金、竹之聲不得不隨之增加之故。

樂記上云：「宮爲君，商爲臣，角爲民，徵爲事，羽爲物。五者不亂，則無怗滯之音矣」。以上引孔疏第一宮言之，宮八十一絲，商七十二絲，角六十四絲，徵五十四絲，羽四十八絲。宮商指地位之尊卑，徵羽指造爲及經費之多少。角（民）在中間，上承君臣之令，而負擔造爲（事）的徭賦（物）。玆應先說明的，則爲宮（君）商（臣）的關係，愼子說：「君臣之間猶權衡也。權左輕則右重，右重則左輕，輕重迭相橛，天地之理也」（愼子，逸文）。尹文說，「君不可與臣業，臣不可侵君事，上下不相侵與，謂之名正，名正而法順也」（尹文子大道上）。然則君臣之間如何分職？益稷曰（尙書卷五益稷）曰「元首叢脞哉，股肱惰哉，萬事墮哉」。司馬光解釋云：「言君親細務，則臣不盡力，而事廢壞也」（司馬溫公文集卷六上體要疏，中華版）。若據荀子之言，「君者論一相」（荀子第十一篇王霸），則君除擇相之外，應垂拱而治。案吾國先哲不問那一派，無不主張君主無爲。古代聖君莫如堯舜，孔子說：「大哉堯之爲君也，巍巍乎唯天爲大，唯堯則之」（論語，泰伯）。天如何呢？「天何言哉，四時行焉，百物生焉，天何言哉」（論語，陽貨）。舜呢？「無爲而治者，其舜也歟。夫何爲哉，恭己正南面而已矣」（論語，衞靈公）。余讀堯典，並參考史記帝堯本紀，堯之爲政，只做了三件大事：第一件是命羲和治曆明時，然羲氏和氏世掌天文，堯不過因二氏世掌斯職，而告以「敬授人時」而已。第二件是命鯀治水。堯雖知鯀「方命圮族」，只因四岳極力推薦，遂任用之，結果如何？「九載績用弗成」。到了虞舜卽位，才「殛鯀於羽山」。第三件是求舜於側陋之處，而委之以政。堯之擧舜，可以說是能知人能官人矣。其實，也是四岳所薦。觀堯之言，「俞，予聞，如何」，「我其試哉」，可知堯不是知舜而用之，而是因四岳之薦而試用之。因四岳之薦而用鯀，百姓多受九年之災，因四岳之薦，而用舜，天下爲之大治。功過相抵，何以稱其「巍巍哉大也」？蓋堯不自作主張，不固執己見，深知爲君的道理。舜如何呢？當其攝政之時，確曾做了許多大事。柳宗元簡單擧舜之功績如下：「舜擧十六族，去四凶族，使天下咸得其人；命二十二人興五教，立德刑，使天下咸得其理；合時月，正曆數，齊律度量權衡，使天下咸得其用」（柳河東全集卷二十舜禹之事）。據舜典及史記帝舜本紀，此數種大有爲均在攝政之時；及至受禪卽位，便同堯一樣無爲而治。自孔子稱許堯舜之後，各派學者均主張虛君制度，欲於政府之內分別兩種人物，其一傳子，其他傳賢。傳子者地位安固，傳賢者可以更迭。但傳子者要保全其安固的地位，最好是統而不治，而使傳賢者治而不統。荀子說：「天子足能行，待相者然後進。口能言，待官人（掌喉舌之官）然後詔。不視而見，不聽而聰，不言而信，不慮而知，不動而功，告至備也（注，盡委於羣下，故能至備也）。天子者勢至重，形至佚，心至愈（愈讀爲愉），志無所詘，形無所勞，尊無上矣」（第二十四篇君子），此儒家之主張也。管子說，「無爲者帝」（第五篇乘馬）。如何無爲，他說：「明主之舉事也，任聖人之慮，用衆人之力，而不自與焉，故事成而福生。亂主自智也，而不因聖人之慮，矜奮自功，而不因衆人之力，專用己而不聽正諫，故事敗而禍生。故曰伐矜好事，舉事之禍也」（第六十四篇形勢解）。韓非子說：「明君之道，使智者盡其慮，而君因以斷事，故君不窮於智。賢者敕其材，君因而任之，故君不窮於能……人主之道，靜退以爲寶，不自操事，而知拙與巧，不自計慮，而知福與咎」（第五篇主道）。愼子說：「君臣之道，臣事事，而君無事。君逸樂而臣任勞。臣盡智力以善其事，而君無與焉，仰成而已，故事無不治」（愼子，民雜），此法家之主張也。莊子說：「上無爲也，下亦無爲也，是下與上同德。下與上同德則不臣。下有爲也，上亦有爲也，是上與下同道。上與下同道，則不主。上必無爲，而用天下；下必有爲，爲天下用，此不易之道也」（第十三篇天道），此道家之主張也。鄧析說：「爲君當若冬日之陽，夏日之陰，萬物自歸，莫之使也。恬臥而功自成，優游而政自治，豈在振目搤腕，手據鞭朴，而後爲治歟」（鄧析子無厚篇）。又說：「目貴明，耳貴聰，心貴公。以天下之目視，則無不見。以天下之耳聽，則無不聞。以天下之智慮，則無不知。得此三術，則存於不爲也」（鄧析子轉辭篇）。不爲就是無爲，此名家之主張也。呂氏春秋說：「大聖無事，而千官盡能……君也者以無當爲當，以無得爲得者也。當與得不在於君，而在於臣。故善爲君者無識，其次無事。有識則有不備矣，有事則有不恢矣」（卷十七審分覽，君守）。又說：「古之王者，其所爲少，其所因多。因者君術也，爲者臣道也……故曰君道無知無爲，而賢於有知有爲」（同上任數）。此即韓非所謂「人主之道不自操事，不自計慮」（韓非子第五篇主道）。「下君盡己之能，中君盡人之力，上君盡人之智」（韓非子第四十八篇八經）。盡己之能者，自己操事。盡人之力者自己計慮。盡人之智者不自操事，不自計慮。案呂氏春秋十二紀，不但篇名，即其篇首文字亦與禮記月令相同，所以古人有謂「漢興，高堂生后倉二戴之徒取此書之十二紀爲月令。河間獻王與其客取其大樂適音爲樂記」（呂氏春秋附考，序說）。是則古人已有以月令及樂記均出於呂氏春秋者。其是否可信，本人不欲考證，但要注意的，呂氏春秋對於君道既有上述之解釋，而且解釋又合於先秦各家思想，則宮爲君非指君權之大，而是指君位之尊。孔疏謂「五音以絲多聲重者爲尊，宮絃最大，用八十一絲，宮爲君」。君位雖尊，亦不可親總吏職，權不借下，反而須高拱於上，無爲而治。淮南子說：「人主之術，處無爲之事，而行不言之敎，清靜而不動，一度而不搖，因循而任下，責成而不勞。是故心知規而師傅諭導，口能言而行人稱辭，足能行而相者先導，耳能聽而執正進諫。是故慮無失策，謀無過事，言爲文章，行爲儀表於天下」（淮南子卷九主術訓）。董仲舒亦說：「故爲人主者，法天之行……不自勞於事，所以爲尊也……故爲人主者，以無爲爲道，以不私爲寶。立無爲之位，而乘備具之官，足不自動，而相者導進；口不自言，而擯者贊辭；心不自慮，而羣臣效當。故莫見其爲之，而功成矣。此人主所以法天之行也」（春秋繁露第十八篇離合根）。「秦始皇爲人，天性剛戾自用，以爲自古莫及也。博士雖七十人，特備員弗用。丞相諸大臣皆受成事，倚辦於上。天下之事無大小皆決於上。上至衡石量書，日夜有呈，不中呈不得休息」（史記卷六始皇紀三十五年）。而身死沙丘，天下隨之大亂，此君有爲之過也。五胡亂華，晉室南渡，公卿均出身於士族，而士族乃放誕浮華，不涉政務，雖身居端右，亦風流相尙，不以政務關懷，卒至國境日削。而爲起自「關中之人雄」的隋文所滅。此臣無爲之過也。

商爲臣。呂氏春秋說：「賢主勞於求人，而佚於治事」（卷十二季冬紀，士節）。這個人就是臣。在臣之中，地位最高，權限最大者莫如相。呂氏春秋說：「相也者百官之長也」（卷十九離俗覽，舉難）。因爲相爲百官之長，不以一職爲官名，所以雖總百揆，而又不親小事，察察爲明。呂氏春秋說：「夫相大官也，處大官者不欲小察，不欲小慧」（卷一孟春紀，貴公）。即如荀子所說：「相者論列百官之長，要百事之聽，以飾朝廷臣下百吏之分，度其功勞，論其慶賞，歲終奉其成功，以效於君，當則可，不當則廢」（荀子第十一篇王霸）。荀子之書文字深奧，不易了解。其意蓋謂宰相列舉各人的行藝，考評其優劣，而任用之爲百司之長；又依百司之治績，察其得失，藉此使各人的才智能與其職分相適宜。歲終，量其功績，報告於君，凡適宜的有賞，不適宜的則罷黜之。漢世陳平丙吉之言可爲注脚。

文帝問右丞相勃（周勃）曰，天下一歲決獄幾何？勃謝不知。問天下錢穀一歲出入幾何？勃又謝不知，汗出洽背，媿不能對。上亦問左丞相平，平曰各有主者。上曰主者爲誰乎？平曰陛下卽問決獄，責廷尉，問錢穀，責治粟內史。上曰苟各有主者，而君所主何事也。平謝曰主臣，陛下不知其駑下，使待罪宰相。宰相者上佐天子，理陰陽，順四時，下遂萬物之宜，外塡撫四夷諸侯，內親附百姓，使卿大夫各得任其職也。上稱善（漢書卷四十王陵傳）。

丙吉爲丞相……嘗出逢清道羣鬥者，死傷橫道。吉過之不問，掾史獨怪之。吉前行，逢人逐牛，牛喘吐舌，吉止駐，使騎吏問逐牛行幾里矣。掾史獨謂丞相前後失問，或以譏吉。吉曰民鬥相殺傷，長安令京兆尹職所當禁備逐捕，歲竟，丞相課其殿最，奏行賞罰而已。宰相不親小事，非所當於道路問也。方春少陽用事，未可大熱，恐牛近行，用暑故喘。此時氣失節，恐有所傷害也。三公調和陰陽，職所當憂，是以問之。掾史乃服，以吉知大體（漢書卷七十四丙吉傳）。

但百司之長又不是一唯宰相之意是聽，苟其人認爲自己的判斷不錯，可以不許宰相干涉，縱令天子有詔，亦得再三反對。禮云：

公族其有死罪……獄成，有司讞於公……公曰宥之。有司又曰在辟，公又曰宥之。有司又曰在辟，及三宥不對，走出，致罪於甸人（司刑殺之官）。公又使人追之，曰雖然，必赦之。有司曰無及也（言已處死刑），反命於公（禮記注疏卷二十文王世子）。

由禮記所述，我記起趙充國之討伐西羌。漢宣帝時，西羌作亂，帝命後將軍趙充國率師討之。充國既至羌地，察其地形，知不可以力勝，只可用屯田政策，「貧破其衆」。第一次上屯田奏，帝不許。第二次又上奏，謂非屯田不可，帝仍不許。第三次復上奏，謂必用屯田之策。「奏每上，輒下公卿議臣議。初是充國計者什三，中什五，最後什八。帝於是報充國曰，今聽將軍，將軍計善」（漢書卷六十九趙充國傳）。充國堅持自己的主張，絕不妥協。宣帝也不是一依自己之意，獨斷可否；而是依公卿議臣的討論，而後才接受充國之策。此蓋依賈誼所說：「聖主問其臣，而不自造事，故爲人臣得畢盡其忠」（新書卷一第十篇益壤）。

相既處有爲之地，政策由他決定，政務由他監督百官執行，則當決定與執行之時，不能不顧民力（角爲民）。任何造爲（徵爲事）無不需要財用（羽爲物），而負擔財用，即負徭役及賦稅者則爲民。孔疏，「事是造爲」，「物聚則成財用」（樂記上孔穎達疏）。君位固然安固，而又不是絕對安固。荀子說：「君者舟也，庶人者水也，水能載舟，亦能覆舟」（荀子第九篇王制）。君之地位既然依民之向背而轉移，則臣決定政策之時，爲人君者自應監視積極的是否以民利爲標準，消極的是否顧到民力，使民服役納稅之後，尙有充分的時間和金錢，而致力於生產事業，仰足以事父母，俯足以養妻子，所以角之絲數須比徵羽爲多。而徵所以比羽爲多者，蓋如蘇轍之言：「善爲國者，知財之最急，而萬事賴焉，故常使財勝其事，而事不勝財，然後財不可盡，而事無不濟」（欒城集卷二十一上皇帝書）。倘若事勝其財，則只有濫發錢幣，造成物價上漲，民不聊生，而發生大亂。樂記云：「宮亂則荒，其君驕。商亂則陂，其官壞。角亂則憂，其民怨。徵亂則哀，其事勤。羽亂則危，其財匱。五者皆亂，迭相陵，謂之慢，如此則國之滅亡無日矣」（樂記上）（註五）。依孔疏之解釋，宮聲所以亂者，由君驕而奢。商聲所以亂者，由官壞而邪。角聲所以亂者，由政虐而民有憂愁之心。徵聲所以亂者，由徭役不休，民事勤勞。羽聲所以亂者，由於財匱，而財匱則由「賦重，其民貧乏故也」。此五聲須能互相配合，宮位既尊，雖然無爲，亦應如今日民主國的元首一樣，或依議會之意，更換內閣，或依內閣之意，解散議會。要是如秦二世一樣，政事一委趙高，公卿希得朝見（史記卷六始皇本紀二世二年）。或如隋文帝一樣，「事皆自決，未能盡合於理。朝臣既知上意，亦復不敢直言，宰相以下承受而已」（舊唐書卷三太宗紀貞觀四年。此乃太宗批評隋文帝之言），則天下必亂。

註五　朱熹謂「應鐘爲宮，其聲最短而淸，或蕤賓爲之商，則商聲高於宮，爲臣陵君，不可用，故用蕤賓減半爲淸聲以應之……又曰如黃鐘爲宮，則餘律皆順，若在他律（不以黃鐘爲宮），便有相陵處（引自明倪復撰鐘律通考第十八章十二律和聲法論）。

然則如何而使五聲不亂，依樂記所言，須用禮以節之。「樂由中出，禮自外作」（樂記上）。「樂也者動於內者也。禮也者動於外者也」（樂記下）。「樂由中出」，換言之，卽發自人之內心，而人心莫不有情，禮運說：「何謂人情，喜怒哀樂愛惡欲，七者弗學而能」。羅整庵說：「七情之中，欲較重。蓋惟天生民有欲，得之則喜，逆之則怒，得之則樂，失之則哀。故樂記獨以性之欲爲言。欲未可謂之惡，其爲善爲惡，係於有節與無節爾」（困知記卷上，引自黃建中編著比較倫理學，正中版二四〇頁）。欲之發生乃受外物之感，禮（樂記上）云：「物至知，知然後好惡形焉」，鄭玄注，「言見物多，則欲益衆」，其結果必如荀子所言：「欲多而物寡，寡則必爭矣」（荀子第十篇富國）。禮（樂記上）又云：「夫物之感人無窮，而人之好惡無節，則是物至而人化物也。人化物也者滅天理而窮人欲者也。於是有悖逆詐僞之心，有淫佚作亂之事。是故強者脅弱，衆者暴寡，知者詐愚，勇者苦怯，疾病不養，老幼孤獨不得其所，此大亂之道也」。所以要防大亂之發生，不能不以禮節欲。孔子曾謂「克己復禮爲仁」(論語第十二篇顏淵)。克，約束也；己，己身也。心有許多欲望，須能以禮約束之。孔子主張復禮，遂由禮之解釋，而發生孟荀二子不同的學說。孟子謂「養心莫善於寡欲」(孟子盡心下)。如何實行寡欲，孟子以爲人類皆有本心(孟子告子上)。本心就是良心(孟子同上)，也就是今人所謂理性。人類依其良心，行動循禮，就不會爲物慾所蔽，而能做出善的行爲。孟子說：「紾兄之臂而奪之食，則得食，不奪則不得食，則將紾之乎。踰東家牆而摟其處子，則得妻，不摟則不得妻，則將摟之乎」(孟子、告子下)。食色乃人類的基本慾望，其所以不紾不摟者，蓋人皆有羞惡之心，又有恭敬之心。「羞惡之心義也，恭敬之心禮也」。禮義「非由外鑠我也，我固有之也」(孟子，告子上)。卽孟子所謂禮義是由內發。荀子也主張以禮義制欲，他說，「夫義者所以限禁人之爲惡與姦者」(荀子第十六篇富國)。「禮起於何也？曰人生而有欲，欲而不得，則不能無求，求而無度量分界，則不能不爭。爭則亂，亂則窮。先王惡其亂也，故制禮義以分之，以養人之欲，給人之求，使欲必不窮乎物，物必不屈於欲。兩者相持而長，是禮之所起也」(荀子第十九篇禮論)。由此可知荀子所謂禮義與孟子之禮義不同，非由內發，而如禮記所說，「禮自外作」(樂記上)，「義近於禮」(同上)。蓋人情無不「好利而惡害」(荀子第五篇非相)「目欲綦色，耳欲綦聲，口欲綦味，鼻欲綦臭，心欲綦佚，此五綦者人情之所必不免也」(荀子第十一篇王罰）。故非自外制之以禮義，不免發生爭奪之事。吾人依樂記所言，似荀子的解釋比之孟子，較近實際。

古人之所謂禮，「法」常包括在內，禮云：「分爭辨訟，非禮不決」（曲禮上），這個「非禮不決」之禮就是法。故云：「禮者君之大柄也」（禮記，禮運），「安上治民莫善於禮」（孝經，紀孝行）。但禮與法又不同之點，禮是不成文的法，法則「編著之圖書，設之於官府，而布之於百姓者也」（韓非子第四十三篇定法）。賈誼說：「夫禮者禁於將然之前，而法者禁於已然之後，是故法之所用易見，禮之所爲難知也」（新書卷十定取舍）（註六）。法既是禁於已然之後，所以繼之必有刑賞。哀公問政，子曰「或安而行之，或利而行之，或勉強而行之，及其成功一也」。孔疏，「或安而行之，謂無所求爲，安靜而行之。或利而行之，謂貪其利益而行之。或勉強而行之，謂畏懼罪惡，勉力自強而行之」（禮記，中庸）。聖人爲政，不惜刑賞也如此。故云：「禮樂刑政，其極一也」（樂記上）。

註六　依賈誼之意，而用現代刑法學原理言之，禮之本質是基於預防主義，法之本質是基於應報主義，但是法既預定，民皆先知，亦必有所畏懼，而不敢爲非作邪，故法也能禁於將然之前，而爲預防主義。即如荀子所說：「凡刑人之本，禁暴惡惡，且徵（懲）其未（將來）也。」（荀子第十八篇正論）。惡惡是應報主義，懲未是其預防主義。

前已引過樂記所說：「禮自外作」，「義近於禮」。荀子雖然也說仁義，而其所重視的却是禮義，故其見解接近於法家。其門人韓非集法家之大成，不是沒有原因的。荀子謂「禮者法之大分」（荀子第一篇勸學），「非禮是無法也」（荀子第二篇修身），此與管子所說：「法出於禮」（管子第十二篇樞言），理由相同。管子云：「明主度量人力之所能爲而後使焉。故令於人之所能爲，則令行；使於人之所能爲，則事成。亂主不量人力，令於人之所不能爲，故其令廢；使於人之所不能爲，故事敗。夫令出而廢，舉事而敗，此強不能之罪也。故曰毋強不能」（管子第六十四篇形勢解）。呂氏春秋說：「禮煩則不莊，業煩則無功，令苛則不聽，禁多則不行」（卷十九離俗覽，爲欲）。這就是角數須多於徵羽的原因。法家又主張「法者不可恒也」（管子第四十五篇任法），恒乃永久不變之意。商鞅有言，「三代不同禮而王，五霸不同法而霸」（商君書第一篇更法），非其相反，時變異也。所以「聖人之爲國也，因世而爲之治，度俗而爲之法」（商君書第八篇壹言）。愼子亦言：「治國無其法則亂。守法而不變則衰」（愼子，逸文），韓非也說：「法與時轉則治，治與世宜則有功」（韓非子第五十四篇心度）。此數子之言，亦卽禮記所謂「五帝殊時，不相沿樂。三王異世，不相襲禮」（樂記上），也就是呂氏春秋所說：「故治國無法則亂，守法而弗變則悖，悖亂不可以持國。世易時移，變法宜矣」（卷十五愼大覽，察今）。淮南子所說：「苟利於民，不必法古。苟周於事，不必循舊……故聖人法與時變，禮與俗化……故變古未可非，而循俗未足多也」（淮南子卷十三氾論訓）。這就是十一月黃鐘爲宮，十二月大呂爲宮，宮聲變，其他四聲亦隨月而變之理。

（附註）本篇若要詳細討論，字數非增加到十萬言以上不可。茲宜告知讀者的，本書各頁所載月份或爲商正，或爲夏正，蓋各書之著作時代不同。若要換算爲統一的月份，須費一番工夫。

三、看朱子如何批評韓愈並論古人「親盡」之說

民國六十六年九月十四日聯合報第三版有一項消息：「誹謗韓愈二審定讞，郭壽華罰三百銀圓」，同版又載嚴靈峯先生的「誹韓的文字獄平議」。是日我接到聯合報總編輯張作錦先生電話，便寫了「論誹韓的文字獄」，登在十五日聯合報上。文中最重要的文句爲：『生在千年之後，批評千年以前的人，有人控告誹謗，法院竟予受理，且處被告以罰金之刑，這眞是開司法未有之例』。『本案原告本是黃宗識，因爲他不是韓愈後代。後來改由韓愈第三十九代孫韓思道提出告訴，法院才予受理』。『吾國自魏晉以後，士族喜以譜牒自誇。然據歷史所說：「唐末五代亂，衣冠舊族多離去鄉里，或爵命中絕，而世系無所考」(宋史卷二百六十二劉燁傳)。「唐末喪亂，籍譜罕存」(宋史卷四百三十九梁周翰傳)。唐代的譜牒至宋已不可信，難道到了民國，反可信麼？』。『如是，姓黃的沒有告訴權，何可判定姓韓的有告訴權。何也？據歷史所述，今之族譜已不可信也。縱令可信，隔了千餘年，其後人也沒有告訴權』。

玆將聯合報出版的「誹韓案論叢」前言，抄錄如次，以明誹韓案的來龍去脈。

郭壽華以筆名「干城」在「潮州文獻」第二卷第四期內，發表了「韓文公蘇東坡給與潮州後人的觀感」一文，說：「韓愈爲人尙不脫古文人風流才子的怪習氣，妻妾之外，不免消磨於風花雪月，曾在潮州染風流病，以致體力過度消耗，及後誤信方士硫磺鉛下補劑，離潮州不久，果卒於硫磺中毒。」

這篇文章，引起了韓愈第三十九代直系血親韓思道提起自訴，經臺北地方法院刑庭宣判，推事認定郭壽華誹謗已死之人，判處罰金三百銀元。此一判決，引起了軒然大波，學者專家，紛紛撰文陳述己見，專論此「誹韓案」所引起的各種問題。更有黃正模告發韓思道僞造文書的枝節產生。

現在把這些文章集合在一起，以便窺此「誹韓」奇案於一斑。

武案法院判決郭壽華爲有罪，是以刑法第三一二條第一項爲根據，玆抄錄條文如次：

刑法第三一二條　對於已死之人，公然侮辱者，處拘役或三百元以下罰金。

對於已死之人，犯誹謗罪者，處一年以下有期徒刑、拘役或一千元以下罰金。

刑法第三一二條分爲兩項，第一項規定公然侮辱罪，第二項規定誹謗罪。何謂誹謗罪？刑法第三一〇條云：「意圖散布於衆，而指摘或傳述足以毀損他人名譽之事者，爲誹謗罪」。郭壽華只罰金三百銀圓，似其罪狀爲公然侮辱，而非誹謗。余非研究刑法之人，此種判斷是否正確，有待刑法學專家之說明。

又據刑法第三一四條，「本章（第二十七章，由第三〇九條至第三一三條）之罪，須告訴乃論」。

然則誰有告訴權，依刑事訴訟法規定：

刑訴第三一九條第一項　犯罪之被害人得提起自訴。但無行爲能力或限制行爲能力或死亡者，得由其法定代理人、直系血親或配偶爲之。

卽提起自訴，原則上限於被害人本身。但被害人若無行爲能力或死亡者，得由其法定代理人、直系血親或配偶爲之。萬一中途被害人喪失行爲能力或死亡者，則將如何？據刑訴法規定：

刑訴第三三二條　自訴人於辯論終結前，喪失行爲能力或死亡者，得由第三一九條第一項所列爲提起自訴之人，於一個月內聲請法院承受訴訟。

由上述各條規定，可知提起自訴的人與被害人之死亡，期間相隔並不甚遠。明白言之，不會相隔數百年千餘年之久。倘若被害人死亡較久，又將如何？依刑訴規定：

刑訴第二三四條第五項　刑法第三一二條之妨害名譽及信用罪，限已死者之配偶、直系血親、三等親內之旁系血親、二等親內之姻親或家長家屬得爲告訴。

法院卽根據刑訴第二三四條第五項之規定，以爲旁系血親及姻親均設有親等，只唯直系血親之親疏並未設何限制，如是，其爲幾十代，甚或幾百代子孫均所不論。但直系血親乃緊接在已死者的配偶之後，可知直系血親與被害人配偶的死亡（配偶如未死亡，應由配偶提起自訴，故云），期間相隔必不甚遠。

韓愈在其「原道」中，有「斯道也，堯以是傳之舜，舜以是傳之禹，禹以是傳之湯，湯以是傳之文武周公，文武周公傳之孔子，孔子傳之孟軻，軻之死，不得其傳焉」。即他以道統自居。因之，國內尚有少數學者因為擁護道統，而贊成法院的判決。他們除韓愈外，又多承認朱熹為傳道統的人，所以本文只說明朱熹如何批評韓愈。次再討論直系血親，依吾國固有觀念是否可以上溯幾百代祖宗，而無「親盡」之事。吾國民法第四編「親屬」第九六八條對此重要問題沒有任何明瞭的規定。

程伊川說：「凡讀史不徒要記事迹，須要識其治亂安危興廢存亡之理」（引自近思錄卷三）。大凡一代名士的個人生活若與國家之治亂安危興廢存亡有關，例如西晉士族的腐化生活，是與五胡亂華南北分立有極大關係，史家自應研究。至於韓愈得了什麼病，吃了什麼藥，余不敏，實在不知其與唐末五代方鎮之亂有什麼因果關係。老實說，沒有韓思道的自訴及法院的判決，我那裏知道韓愈得什麼病，吃什麼藥。孔子說：「子為父隱，父為子隱」。如果其子到處告人：「我爸爸沒有偸羊」，則此地無銀三百兩，縱令其父沒有偸羊，聽者也將誤會其父曾經偸羊。

由誹韓案引起道統之爭，我孤陋寡聞，不知道統之說創自誰人。辭海曾引朱子之言，據宋史卷四百二十九「道學三」朱熹傳，他「嘗謂聖賢道統之傳散在方册，聖經之旨不明，而道統之傳始晦」。朱子雖提到道統，而傳道統的，自孔孟以後，是那一位先賢，研究朱子學說的人當會知道。若依宋代道學家黃榦之言，「自周以來，任傳道之責者不過數人，而能章章較著者一二人而止耳。由孔子而後，曾子子思繼其微，至孟子而始著。由孟子而後，周程張子繼其絕，至熹而始著」（宋史同上，卷四百三十有黃榦傳）。黃榦係朱子得意門生，熹且「以其女妻榦」。朱子「病革，以所著書授榦，手書與訣曰吾道之託在此，吾無憾矣」（宋史黃榦傳）。黃榦自孟子以後，未曾舉出唐代的韓愈。固然吾人不能由此而卽證明朱子不認韓愈爲傳道統的人。我們尙須查看朱子對於韓愈如何評價。

不幸得很，朱子之評價韓愈並不甚高。今人以韓愈爲繼孟子之後而傳道統，似由於「原道」一篇文章。固然朱子曾說：「如原道之類不易得也」（朱子語類卷一百三十七，時舉記，正中版五二三七頁）。但朱子又謂原道「首句極不是」（同上，可學記，正中版五二二五頁），卽批評「原道」開宗明義第一句就不對。推朱子之意，韓愈未曾區別「體」與「用」，而誤以「用」爲「體」。我細閱「原道」一文，韓愈確實未曾做到題目的「原」字，卽未窮原「道」之初始，更未說到「道」之本體。朱子又說：

原道中所謂寒然後爲之衣，饑然後爲之食，爲宮室，爲城郭，皆說得好；只是不曾向裏面省察，不曾就身上細密做工夫，只從粗處去，不見得原頭來處。如一港水却不見那源流來處……立朝議論亦有可觀，却不是從裏面流出。平日只以做文吟詩飲酒博戲爲事。及貶潮州，寂寥無人共吟詩，無人共飲酒，又無人共博戲；見一個僧（大顛）說道理，便爲之動，如云所示廣大深迥，非造次可喻。不知大顛與他說個什麼，得恁地傾心信向（同上，義剛記，正中版五二五八頁以下）。

朱子批評原道，謂「不見得原頭來處」，我甚同意。至謂「平日只以做文吟詩飲酒博戲爲事」，批評到韓愈私生活，我認爲何必。朱子且謂「韓退之如何敢望王通」（同上，僩記，正中版五二二九頁）。即由朱子看來，韓愈在傳道方面，地位還不如隋末文中子王通。朱子比較王通與韓愈如次：

或問文中子僭擬古人，是如何？曰：這也是他志大，要學古人。如退之（韓愈）則全無要學古人底意思……退之則只要做官，如末年潮州上表，此更不足說了。退之文字儘好，末年尤好（同上，燾記，正中版五二五三頁）。

即朱子只稱許韓愈的文章，其他方面，朱子頗有微辭，甚至謂其「只要做官」。玆再引朱子批評韓愈之言如次：

韓退之費工夫去作文，所以讀書者只爲作文用，自朝至暮，自少至老，只是火急去弄文章……每日只是招引得幾個詩酒秀才和尙度日。有些工夫只了得去磨煉文章……兼他（韓愈）說，我這個便是聖賢事業了，自不知其非（同上，僩記，正中版五二二六頁）。

朱子謂韓愈只知「弄文章」，「讀書只爲作文用」，尙無損韓愈的人格。下文所舉批評，吾人讀之，尙覺得太過侮辱先賢，不知韓愈後代有何感想。

韓退之當初本只是要討官職做，始終只是這心。他只是要做得言語似六經，便以爲傳道。至其每日工夫只是做詩博弈酣飲取樂而已……至於做官臨政，也不是要爲國做事也，無甚可稱。其實只是要討官職而已（同上，偶記，正中版五二三六頁）。

朱子此言我認爲過火。其侮辱先賢，說到骨頭裏去；比之今人之作皮面文章，謂韓愈得什麼病，吃什麼藥，嚴重多了。潮州文獻這個雜誌，看的人不會多，朱子語類看的人不會很少。朱子如斯批評韓愈，必有所本。所本爲何，客氣點說，我讀書不多，無法舉證，故對於朱子的批評，只有半信半疑。其所以必引朱子之言者，蓋自元代以後，文人多以朱子爲眞傳道統之人。以眞傳道統的朱子竟然批評韓愈到如斯地步，則韓愈是否眞傳道統，似棺蓋而論未定。

若余記憶不錯，古人之中最稱揚韓愈的似是蘇軾。他在所著「潮州修韓文公廟記」（東坡全集，續集卷十二，世界版）中，首兩句說：「匹夫而爲百世師，一言而爲天下法」；中兩句又說：「文起八代之衰，道濟天下之溺」，可謂把韓愈捧上天了。所謂「道濟天下之溺」是否稱譽韓愈爲傳道統，吾人不敢下一斷語。但蘇軾在其「韓愈論」（同上，應詔集卷十）中却說：

聖人之道有趨其名而好之者，有安其實而樂之者……韓愈之於聖人之道，蓋亦知好其名矣，而未能樂其實。何者？其爲論甚高，其待孔子孟軻甚尊，而拒揚墨佛老甚嚴，此其用力亦不可謂不至矣。然其論至於理而不精，支離蕩佚，往往自叛其說而不知。

是則蘇軾所稱許韓愈的，也不過稱許其文章，至於論道，則斥其「支離蕩佚，往往自叛其說而不知」。蘇軾批評如此，朱熹批評又如彼。前者是北宋的文學家，後者是南宋的道學家。而且朱子曾批評蘇軾如次：

東坡只管罵王介甫，介甫固不是，但教東坡作宰相時，引得秦少游黃魯直一隊進來，壞得更猛（朱子語類卷一百三十，淳記，正中版四九八九頁）。

蘇朱兩人時代不同，朱子對於蘇軾固然曾說：「東坡善議論，有氣節」（同上，若海記，正中版四九九一頁），而其不滿意東坡則如上述。如是，他們兩人自不會聯合戰線，圍攻韓愈。總之，宋代學者均稱許韓愈的文章，至於韓愈是否傳道統，却沒有一人作肯定的主張。我自己呢？我曾說過：「文章是一事，論『道』又是一事。韓愈文起八代之衰，我絕對承認，若謂韓愈道起十代（八代之外，加上秦及西漢）之衰，我個人也不敢同意」。

玆應附帶說明的，則爲親等，卽親等應上溯那幾代，下及那幾代。現行喪制以親疏爲差等，由己身上至於高祖，齊衰三月；下及於元孫，緦麻三月。卽上至四代，下及四代，四代以外皆無服。此乃根據儀禮（儀禮注疏卷二十八至三十四）之喪服，卽依周代之制。與喪服有關的爲祭，卽祭祀祖宗應至那幾代爲止。王制（禮記注疏卷十二）云：「天子七廟，三昭三穆與太祖之廟而七。諸侯……」，這是周天子祭其祖宗之制。孔穎達疏，「周所以七者，以文王武王受命，其廟不毀，以爲二祧，並始祖后稷及高祖以下親廟四，故爲七也」。祭法（禮記注疏卷四十六）云：「王立七廟一壇一墠（親四，始祖一，文武不遷，合爲七廟。七廟之外，又立壇墠各一，起土爲壇，除地曰墠。親近者起土，親遠者除地），曰考廟（父廟），曰王考廟（祖廟），曰皇考廟（曾祖廟），曰顯考廟（高祖廟），曰祖考廟（始祖廟），皆月祭之。遠廟爲祧，有二祧，享嘗乃止。去祧爲壇，去壇爲墠。壇墠有禱焉祭之，無禱乃止。去墠曰鬼」。這是天子的祭法，諸侯以下逐漸簡單。據孔穎達疏，「遠廟爲祧者，遠廟謂文武廟也。文武廟在應遷之列，故云遠廟也。特爲功德而留，故謂爲祧。祧之爲言超也，言其超然上去也」。「享嘗乃止者，享嘗四時祭祀，文武特留，故不得月祭，但四時祭而已」。「去祧爲壇者，謂高祖之父也，若是昭行，寄藏武王祧；若是穆行，即寄藏文王祧，不得四時而祭之。若有四時之祈禱，則出就壇受祭也」。「去壇爲墠者，謂高祖之祖也，不得在壇，若有祈禱，則出就墠受祭也。高祖之父既初寄在祧，而不得於祧中受祭，故曰去祧也。高祖之祖經在壇，而今不得祭，故云去壇也。壇墠有禱焉祭之者，在壇墠者不得享嘗，應有祈禱於壇墠，乃祭之也。無禱乃止者，若無所祈禱，則不得祭也」。「去墠曰鬼者，若又有從壇遷來墠者，則此前在墠者遷入石函爲鬼，雖有祈禱，亦不得及，唯禘祫乃出也」。何謂禘祫？公羊傳文公二年八月丁卯條，徐彥疏引「春秋說文云，三年一祫，五年一禘」，皆合祭於始祖之廟。以上所述，讀者也許認爲嚕囌，不易了解，玆再引漢代韋玄成之言，「立親廟四，親親也。親盡而迭毀，親親之殺示有終也。周所以七廟者，以后稷始封，文王武王受命而王，是以三廟不毀，與親廟四而七。非有后稷始封，文武受命之功者，皆當親盡而毀」（漢書卷七十三韋玄成傳）。讀者若仍不甚了解，余再說明如次：周以后稷爲始祖，文武爲二祧，由現天子上溯四代至高祖爲止，合爲七廟。此後天子崩而入廟，則廢其舊者而增其新崩者，昭（高祖之父）藏於武王之廟，穆（高祖之祖）藏於文王之廟。后稷及高祖以下至父，每月祭之，文武二祧每年只祭四次。高祖之父及高祖之祖，唯於祈禱時才祭。此外不復祭。何也，「親盡」也。但三年一祫祭，五年一禘祭，全體祖宗合祭於始祖之廟。周爲宗法社會，尙有「親盡」之制，那有隔了將近四十代，甚至幾百代，尙認爲血親？

秦代傳祚短促，祭法如何，史不可考。漢制、漢書之志未述祭祖之禮，祭法乃見於卷七十三韋玄成傳。據該傳所述，高帝劉邦尊爲祖考廟（始祖廟），自始卽成爲定論。高帝以下，朝臣議論不一。今據韋玄成傳所述，「至惠帝，尊高帝廟爲太祖廟，景帝尊孝文廟爲太宗廟……至宣帝本始二年復尊孝武廟爲世宗廟」。然朝臣議論尙不一致，哀帝卽位，「丞相孔光大司空何武奏言，永光（元帝）五年制書，高皇帝爲漢太祖，孝文皇帝爲太宗，建昭（元帝）五年制書，孝武皇帝爲世宗」。此時尙有朝臣以爲「孝武皇帝雖有功烈，親盡宜毀」。「太僕王舜中壘校尉劉歆議曰孝武皇帝愍中國云云，高帝建大業爲太祖；孝文皇帝德至厚也，爲文太宗；孝武皇帝功至著也，爲武世宗。此孝宣帝所以發德音也」。卽以高帝比擬周之后稷，爲始祖之廟。文帝及武帝比擬周之文王武王而爲二祧，此三廟世世不毀。先是元帝時韋玄成等奏曰「繼祖以下，五廟而迭毀」。哀帝時彭宣等又謂「繼祖宗以下，五廟而迭毀」。何謂五廟而迭毀，蓋大行皇帝入廟，變爲五廟，依王制，禮立親廟四，故應毀其一。前此考（父）廟改爲王考（祖）廟，前此王考廟改爲皇考（曾祖）廟，前此皇考廟改爲顯考（高祖）廟。前此顯考從昭者入武帝廟，從穆者入文帝廟，而以大行皇帝爲考（父）廟。合計除始祖二祧外，只存四廟，故云「迭毀」。何以迭毀？非不盡「孝思」，「親盡」也。觀元帝時貢禹奏言「古者天子七廟，今孝惠孝景廟皆親盡宜毀」，即可知之。按由元帝上至景帝，元帝未崩，上溯只有四代，其所以謂親盡宜毀者，蓋悼考廟（宣帝祖戾太子之廟）計算在內之故。貢禹之言似未曾實行。元帝崩，成帝即位，匡衡奏言，「孝惠孝景親盡宜毀，奏可」。由此可知，漢制，亦只上算至顯考（高祖）爲止。顯考以上皆爲「親盡」。

唐高祖李淵爲涼武昭王李暠七世孫。茲依唐會要（卷一帝號），並參考舊唐書（卷一）及新唐書（卷一）之高祖紀，將唐初四廟列表如次。

高祖武德元年六月	高宗咸亨五年八月
追尊高祖熙爲宣簡公	追尊熙爲宣皇帝，廟號獻祖
追尊曾祖天賜（熙長子）爲懿王	追尊天賜爲光皇帝，廟號懿祖
追尊祖虎（天賜第二子）爲景皇帝，廟號太祖	
追尊父昞（虎第二子）爲元皇帝，廟號世祖	

唐高祖李淵七世祖李暠當晉末，據秦涼以自王，是爲西涼。暠子歆，於宋永初二年爲沮渠蒙遜所滅。歆生重耳，魏弘農太守。重耳生熙，爲金門鎮主。熙生天賜，仕魏爲幢主。熙生虎，西魏封爲隴西郡公，以佐命功，爲八柱國之一。周受禪，虎已死，追封唐國公。虎生昞，襲封唐國

公，隋安州總管，柱國大將軍。世世顯赫，其家譜當非「傳聞」，然唐初立廟乃自熙始，熙以上不爲立廟。

唐傳祚既久，廟制就變更了，唐之發跡乃始自北周時李虎追封爲唐國公，故後代就以李虎比擬周之后稷，立始祖廟；又以李淵李世民比擬周之文武二祧。但周除始祖后稷及二祧外，只立四廟；而唐到玄宗時，則置六廟，加以始祖二祧共計九廟。通考（卷九十三宗廟三）引胡致堂言：「明皇始爲九廟」。馬端臨謂「初玄宗之復祔獻祖也，詔曰使親而不盡，遠而不祧。蓋其率意而言爾，非本於禮也。而後爲之說者，乃遷就其事，以爲三昭三穆與太祖、祖功、宗德（祖功、祖德之語出自漢景帝元年之詔）三廟不遷爲九廟者周禮也……故終唐之世常爲九代」。玆摘要唐會要（卷十五廟議）所載親盡毀廟之事如次，以供讀者參考。

大歷（代宗）十四年十月，代宗神主將祔，禮儀使顏眞卿謂歷代儒者，制迭毀之禮，皆親盡宜毀。伏以太宗文皇帝（李世民）七世之祖；高祖神堯皇帝（李淵）國朝首祚，萬葉所承；太祖景皇帝（李虎）受命於天，始封於唐，元本皆在不毀之典。世祖元皇帝（李昞，李淵父）地非開統，親在七廟之外。代宗皇帝升祔有日，元皇帝神主禮合祧遷。或議者以祖宗之名難於迭毀……假令傳祚百代，豈可上崇百代，以爲孝乎。……寶應二年（肅宗，時已崩）升祔元宗肅宗，則獻祖（李熙）懿祖（李天賜）已從迭毀。伏以代宗卒哭而祔，則合上遷一室，元皇帝世數已遠，其神主准禮當祧……於是祧元皇帝於西夾室，祔代宗神主焉。

永貞（順宗）元年十一月，德宗神主將祔，禮儀使杜黃裳謂國家九廟之尊，皆法周制（周制只有七廟，已述於上）。伏以太祖景皇帝……高祖神堯皇帝……太宗文皇帝……皆在不遷之典。高宗皇帝今在三昭三穆之外，謂之親盡，禮合迭遷……於是祧高宗神主於西夾室，祔德宗神主焉。

元和（憲宗）元年七月，順宗神主將祔，太常博士王涇建議曰聖唐奉景皇帝（李虎）爲太祖，祖高祖（李淵）而宗太宗（李世民），皆在百世不遷之典。故代宗升祔，遷世祖（李昞）也，德宗升祔，遷高宗也。今順宗升祔，中宗在三昭三穆之外，謂之親盡，遷於太廟夾室，禮則然也。是月禮儀使杜黃裳奏曰，中宗皇帝神主今在三昭三穆之外，准禮合遷，於是祧中宗神主於西夾室，祔順宗神主焉。

元和（憲宗）十五年四月，憲宗神主將祔，遷睿宗皇帝神主於石室。

長慶（穆宗）四年五月禮儀使奏，國朝九廟之制，法周之文。太祖皇帝（李虎）義同周之后稷。高祖神堯皇帝義同周之文王。太宗皇帝義同周之武王也。其下三昭三穆謂之親廟。今以新主（穆宗）立廟，玄宗明皇帝在三昭三穆之外，是親盡之祖，禮合祧遷，制從之。

開成（文宗）五年禮儀使奏，今文宗升祔有時，代宗是親盡之祖，禮合祧遷。敕旨，敬依典禮。

觀上文所述，唐制，除太祖（李虎）祖功（李淵）祖德（李世民）外，立親廟六（西漢只立親廟四）。

凡大行皇帝入廟，卽毀其最遠者一廟。長慶四年五月穆宗當祔，玄宗當祧遷。韓愈議曰：「玄宗明皇帝在三昭三穆之外，是親盡之祖，雖有功德，新主入廟，禮合祧遷，藏太廟中第一夾室」（韓昌黎文集外集上卷請遷玄宗廟議，世界本）。卽韓愈亦有「親盡」之語。親旣盡了，那有經過四十代甚至幾百代，親猶未盡，而爲血親。

宋明兩代受命之初，欲立四廟。但宋趙明朱出身寒微，宋尙知道高祖以下的名諱，遂尊皇高祖朓爲文獻皇帝，廟號僖祖（皇曾祖以下從略）（宋史卷一太祖紀，參閱卷一百六禮志九）。神宗時韓維謂「僖祖雖爲高祖，然仰跡功業，未見所因；上尋世系，又不知所以始。若以契稷奉之，竊恐於古無考，而於今亦有所未安」。同判太常寺兼禮儀事張師顏等議：「昔商周之興本於契稷，故奉之爲太祖。後世受命之君，功業特起，不因先代，則親廟迭毀，身自爲祖」（宋史卷一百六禮志九）。卽主張宋應以太祖趙匡胤爲始祖。朱子亦云：「天子七廟三昭三穆並太祖之廟而七，太祖百世不遷，一昭一穆，爲宗亦如之。餘則親盡迭毀……宋太祖之廟非藝祖不足以當之」（通考卷九十四宗廟四），是則倡道統的朱子亦有「親盡」之言。

明太祖朱元璋出身更見寒微。明史只載其父諱世珍。洪武四年立四廟，由高祖考至祖考均不知其諱。後來廟制也是親盡而毀，玆從略不述（參閱明史卷一及卷二太祖紀，卷五十一禮志五廟制）。

我爲什麼歷述古代廟制，蓋天子有帝系可查，而猶有「親盡」之事，則一般平民更不必論。閱者也許反對吾言，以爲天子有「親盡」，平民何必隨之而有「親盡」。然而我們須知昔者明王以孝治天下，孝經述天子之孝，下至庶人之孝，邢昺疏，「尊卑雖殊，至於奉親，其道不別」(孝經注疏卷三庶人章)。古人論「道」絕不矯情。今人事實上未必孝過古人，而口頭上必矯情而主張百代以後，子孫對其百代以上的祖宗尚有「血親」關係，而須盡「孝思」。此種百代以後的血親觀念，古書上當然沒有，今日科學上更不能說得過去。某氏之子只有二分之一是其父之血，孫更少，曾孫尤少，傳至玄孫，高祖之血便少乎又少。古制，高祖以上無服，不能謂無原因。所以今人主張修改刑訴，明定爲若干代，其實不必。我在「三論誹韓案」，曾引刑訴第三一九條及第三三二條，當時率爾操觚，語有未盡，茲更改如次。

第三一九條第一項　犯罪之被害人得提起自訴，但無行爲能力或限制行爲能力或死亡者，得由其法定代理人、直系血親或配偶爲之。

即提起自訴的被害人原則上應爲有行爲能力的人。但無行爲能力或限制行爲能力或死亡者，得由其法定代理人，直系血親或配偶爲之。萬一被害人自訴之後，半途喪失行爲能力或死亡者，可依刑訴第三三二條之規定，補救之。

第三三二條　自訴人於辯論終結前，喪失行爲能力或死亡者，得由第三一九條第一項所列得爲提起自訴之人(法定代理人，直系血親或配偶)於一個月內聲請法院承受訴訟。

閱者諸君！直系血親乃列在法定代理人之後，配偶之前；而條文又有「自訴人於辯論終結前，死亡者，得由……」，則自訴人之死亡，距離直接血親之提起自訴，爲期必不甚遠。所以我謂近者爲被害人之子，遠者爲被害人之孫或曾孫。被害人之子尚幼，則由被害人之配偶爲之，絕不會超過四代以上。法官依此條文就可以判定直接血親應算至那幾代爲止，何必修改刑訴。所以韓案應依刑訴第三三四條，「不得提起自訴而提起者，應諭知不受理之判決」。

四、法律的鬥爭

(1)

法律的目的是和平，而達到和平的手段則為鬥爭。法律受到不法的侵害之時——這在世界上可能永遠存在——鬥爭是無法避免的。法律的生命是鬥爭，即民族的鬥爭，國家的鬥爭，階級的鬥爭，個人的鬥爭。

世界上一切法律都是經過鬥爭而後得到的。法律的重要原則無一不是由反對者的手中奪來。法律的任務在於保護權利，不問民族的權利或個人的權利，凡想保全權利，事前須有準備。法律不是紙上的條文，而是含有生命的力量。正義之神，一手執衡器以權正義，一手執寶劍，以實現正義，寶劍而無衡器，不過暴力。衡器而無寶劍，只是有名無實的正義。二者相依相輔，運用寶劍的威力與運用衡器的技巧能夠協調，而後法律才完全見諸實行。

世上有不少的人，一生均在和平的法律秩序之中，過其優遊的生活。我們若對他們說：「法律是鬥爭」，他們將莫明其妙。因爲他們只知道法律是保障和平與秩序。這也難怪他們，猶如豪門子弟繼承祖宗的遺產，不知稼穡艱難，從而不肯承認財產是勞動的成果。我們以爲法律也好，財產也好，都包含兩個要素，人們因其環境之不同，或只看到享樂與和平之一面，或只看到勞苦與鬥爭之一面。

財產及法律猶如雙面神的耶奴斯的頭顱（Janus-head）一樣，對甲示其一面，對乙又示其另一面，於是各人所得的印象就完全不同。此種雙面的形像，不但個人，就是整個時代也是一樣。某一時代的生活是戰爭，另一時代的生活又是和平。各民族因其所處時代不同，常常發生一種錯覺。此種錯覺實和個人的錯覺相同，當和平繼續之時，人們均深信永久和平能夠實現，然而砲聲一響，美夢醒了。以前不勞而得的和平時代已成陳迹，接着而來的則爲面目全非的混亂時代。要衝破這個混亂時代，非經過艱苦的戰爭，絕不能恢復和平。沒有戰鬥的和平及沒有勤勞的收益，只存在於天堂。其在人間，則應視爲辛苦奮鬥的結果。

德文 Recht 有客觀的（objective）及主觀的（subjective）兩種意義。客觀的意義是指法律，卽指國家所維護的法律原則，也就是社會生活的法律秩序。主觀的意義是指權利，卽將抽象的規則改爲具體的權利。法律也好，權利也好，常常遇到障礙；要克服障礙，勢非採取鬥爭的方法不可。

我們知道法律需要國家維持。任何時代必定有人想用不法的手段侵害法律。此際國家若袖手傍觀，不與鬥爭，則法律的尊嚴掃地，人民將輕蔑法律，視為一紙具文。然而我們須知法律又不是永久不變的，一方有擁護的人，同時又有反對的人，兩相對立，必引起一場鬥爭。在鬥爭中，勝負之數不是決定於理由的多少，而是決定於力量的大小。不過人世的事常不能循着直線進行，多採取中庸之道。擁護現行法律是一個力量，反對現行法律也是一個力量，兩個力量成為平行四邊形的兩邊垂直線，兩力互相牽制，終則新法律常趨向對角線的方向發展。一種制度老早就應廢止，而卒不能廢止者，並不是由於歷史的惰性，而是由於擁護者的抵抗力。

是故在現行法律之下，要採用新的法律，必有鬥爭。這個鬥爭或可繼續數百年之久。兩派對立，都把自己的法律——權利視為神聖不可侵犯。其結果如何，只有聽歷史裁判。在過去法制史之上，如奴隸農奴的廢除，土地私有的確立，營業的自由，言論的自由，信教的自由等等，都是人民經過數世紀的鬥爭，才能得到的。法律所經過的路程不是香花舖路，而是腥血塗地，吾人讀歐洲歷史，即可知之。

總而言之，法律不是人民從容揖讓，坐待蒼天降落的。人民要取得法律，必須努力，必須鬥爭，必須流血。人民與法律的關係猶如母子一樣，母之生子須冒生命的危險，由這危險，母子之間就發生了親愛感情。凡法律不由人民努力而獲得者，人民對之常無愛惜之情。母親失掉嬰兒，必傷心而痛哭；同樣，人民流血得到的法律亦必愛護備至，不易消滅。

(2)

現在試來說明法律鬥爭。這個鬥爭是由一方要侵害法益，他方又欲保護法益，而引起的。不問個人的權利或國家的權利，其對侵害，無不盡力防衞。蓋權利由權利人觀之，固然是他的利益，而由侵害人觀之，亦必以侵害權利爲他的利益，所以鬥爭很難避免。上自國權，下至私權，莫不皆然。國際上有戰爭，國內有暴動與革命。在私權方面，中世有私刑及決鬥，今日除民事訴訟之外，尚有自助行爲。此數者形式不同，目的亦異，而其爲鬥爭則一。於是就發生一個問題：我們應該爲權利而堅決反抗敵人乎，抑爲避免鬥爭，不惜犧牲權利乎？前者是爲法律而犧牲和平，後者則爲和平而犧牲法律。固然任誰都不會因爲一元銀幣落在水中，而願出兩元銀幣雇人撈取。這純粹出於計算。至於訴訟却未必如此，當事人不會計較訴訟費用多少，也不想將訴訟費用歸諸對方負擔。勝訴的人雖知用費不資，得不償失，而尙不肯中輟訴訟，此中理由固不能以常理測之。

個人的糾紛姑且不談，今試討論兩國的紛爭。甲國侵略乙國，雖然不過荒地數里，而乙國往往不惜對之宣戰。爲數里之荒地，而竟犧牲數萬人之生命，數億元之巨款，有時國家運命且因之發生危險。此種鬥爭有什麼意義？蓋乙國國民若沉默不作抗爭，則今天甲國可奪取數里荒地，明天將得寸進尺，奪取其他土地，弄到結果，乙國將失掉一切領土，而國家亦滅亡了。由此可知國家因數里荒地所以不惜流血，乃是爲生存而作戰，爲名譽而作戰，犧牲如何，結果如何，他們是不考慮的。

國民須保護其領土，則農民土地若爲豪強侵占數丈，自可起來反抗，而提起訴訟。被害人提起訴訟，往往不是因爲實際上的利益，而是基於權利感情 (feeling of right)，對於不法行爲，精神上感覺痛苦。卽不是單單要討還標的物，而是要主張自己應有的權利。他的心聲告訴他說：你不要退縮，這不是關係毫無價值的物，而是關係你的人格，你的自尊，你的權利感情。簡單言之，訴訟對你，不是單單利益問題，而是名譽問題，卽人格問題。

世上必有不少的人反對吾言。這個反對意見一旦流行，則法律本身就歸毀滅。法律能夠存在，乃依靠人們對於不法，肯作勇敢的反抗，若因畏懼而至逃避，這是世上最卑鄙的行爲。我敢堅決主張，吾人遇到權利受到損害，應投身於鬥爭之中，出來反抗。此種反抗乃是每個人的義務。

(3)

權利鬥爭是權利人受到損害，對於自己應盡的義務。

生存的保全是一切動物的最高原則。但是其他動物只依本能而保全肉體的生命，人類除肉體的生命之外，尙有精神上的生命。而此精神上的生命由法律觀之，則爲權利。沒有法律，人類將與禽獸無別。一種法律都是集合許多片段而成，每個片段無不包括肉體上及精神上的生存要件。拋棄法律等於拋棄權利，這在法律上是不允許的，而且亦不可能。如其可能，必定受到別人侵害；抵抗侵害乃是權利人的義務。吾人的生存不是單由法律之抽象的保護，而是由於具體的堅決主張權利。堅決主張自己的權利，不是由於利益，而是出於權利感情的作用。

那輩竊盜因他自己不是所有權人，故乃否認所有權的存在，更否認所有權爲人格的要件。是則竊盜的行爲不但侵害別人的財物，且又侵害別人的人格，受害人應爲所有權而防衞自己的人格。因此竊盜的行爲可以發生兩種結果：一是侵害別人的權益，二是侵害別人的人格。至於上述豪強侵占農民的田地，情形更見嚴重。倘若該受害農民不敢抗爭，必爲同輩所輕視。同輩認爲其人可欺，雖不敢明目張膽，亦將偸偸摸摸，蠶食該農民的土地。所有權觀念愈發達，受害人愈難忍受侵害，從而反抗的意志亦愈益強烈。故凡提起訴訟而能得到勝訴，應對加害人要求雙重賠償，一是討還標的物，二是賠償權利感情的損傷。

各種國家對於犯罪之會加害國家的生存者，多處以嚴刑。在神權國，凡慢瀆神祇的處死刑，而擅自改變田界的，只視爲普通的犯罪（例如摩西法）。農業國則反是，擅自改變田界的處嚴刑，慢瀆神祇的處輕刑（古羅馬法）。商業國以僞造貨幣，陸軍國以妨害兵役，君主國以圖謀不軌，共和國以運動復辟，爲最大的罪狀。要之，個人也好，國家也好，權利感情乃於生存要件受到損害之時，最爲強烈。

權利與人格結爲一體之時，不問是那一種權利，均不能計算價值之多少。此種價值不是物質上的價值(material value)，而是觀念上的價值（ideal value)。對於觀念上的價值，不論貧與富，不論野蠻人與文明人，評價都是一樣。至其發生的原因，不是由於知識的高低，而是由於苦痛感情的大小。也許野蠻人比之文明人，權利感情更見強烈。文明人往往無意之中，計算得失孰大孰小。野蠻人不憑理智，只依感情，故能勇往猛進，堅決反抗權利之受侵害。但是文明人若能認識權利受到侵害，不但對他自己，而且對整個社會，都可以發生影響，亦會拔劍而起，挺身而鬥，不計利害，不計得失。吾於歐洲許多民族之中，只知英國人民有此權利感情。英國人民旅行歐洲大陸，若受旅館主人或馬車馭者的欺騙，縱令急於出發，亦願延期啓行，向對方交涉，雖犧牲十倍的金錢，亦所不惜(註)。這也許可以引人嗤笑，其實嗤笑乃是不知英國人民的性格，所以與其嗤笑英人，不如認識英人。

註 武案今日英人是否尚保存此種性格，似有問題。

(4)

為法律而鬥爭，是權利人的義務，已如上所言矣。茲再進一步，說明個人擁護自己的法益——即法律上的權利——又是對於社會的義務。

法律與權利有何關係？我們深信法律乃是權利的前提，只唯法律之抽象的原則存在，而後權利才會存在。權利由於法律，而後才有生命，才有氣力，同時又將生命與氣力歸還法律。法律的本質在於實行，法律不適於實行或失去實行的效力，則法律已經沒有資格稱為法律了；縱令予以撤廢，亦不會發生任何影響。這個原則可適用於一切國法，不問其爲公法，其爲刑法，其爲私法。公法及刑法的實行，是看官署及官吏是否負起責任，私法的實行則看私人是否擁護自己的權利。私人放棄自己的權利，也許由於愚昧，不知權利之存在；也許由於懶惰或由於畏懼，不欲多事，其結果，法律常隨之喪失銳氣而等於具文。由此可知私法的權威乃懸於權利的行使，一方個人的生命由法律得到保障，他方個人又將生命給與法律，使法律有了生氣。法律與權利的關係猶如血液的循環，出自心臟，歸於心臟。

個人堅決主張自己應有的權利，這是法律能夠發生效力的條件。少數人若有勇氣督促法律的實行，藉以保護自己的權利，雖然受到迫害，也無異於信徒爲宗教而殉難。自己的權利受到侵害，而乃坐聽加害人的橫行，不敢起來反抗，則法律將爲之毀滅。故凡勸告被害人忍受侵害，無異於勸告被害人破壞法律。不法行爲遇到權利人堅決反抗，往往會因之中止。是則法律的毀滅，責任不在於侵犯法律的人，而在於被害人缺乏勇氣。我敢大膽主張：「勿爲不法」(Do no injustice) 固然可嘉，「勿寬容不法」(Suffer no injustice) 尤爲可貴。蓋不法行爲不問是出之於個人，或是出之於官署，被害人若能不撓不屈，與其抗爭，則加害人有所顧忌，必不敢輕舉妄動。由此可知我的權利受到侵犯，受到否認，就是人人權利受到侵犯，受到否認。反之，我能防護權利，主張權利，回復權利，就是人人權利均受防護，均有主張，均能回復。故凡爲一己的權利而奮鬥，乃有極崇高的意義。

在這個觀念之下，權利鬥爭同時就是法律鬥爭，當事人提起訴訟之時，成爲問題的不限於權利主體的利益，即整個法律亦會因之發生問題。莎士比亞在其所著「威尼斯的商人」(Merchant of Venice) 中，描寫猶太商人舍洛克 (Shylock) 貸款給安多紐 (Antonio) 的故事，中有舍洛克所說的一段話：

我所要求一磅的肉，
是我買來的，這屬於我，我必須得到；
你們拒絕不予，就是唾棄你們的法律；
這樣，威尼斯的法律又有什麼威力。
……我需要法律，
……我這裏有我的證件。

「我需要法律」一語，可以表示權利與法律的關係，又有人人應爲維護法律而作鬥爭的意義。有了這一句話，事件便由舍洛克之要求權利，一變而爲威尼斯的法律問題了。當他發出這個喊聲之時，他已經不是要求一磅肉的猶太人，而是凜然不可侵犯的威尼斯法律的化身，他的權利與威尼斯的法律成爲一體。他的權利消滅之時，威尼斯的法律也歸消滅。不幸得很，法官竟用詭計，拒絕舍洛克履行契約。契約內容苟有反於善良風俗，自得謂其無效。法官不根據這個理由，既承認契約爲有效，而又附以割肉而不出血的條件。這猶如法官承認地役權人得行使權利，又不許地役權人留足印於地上。這種判決，舍洛克何能心服。當他悄然離開法庭之時，威尼斯的法律也悄然毀滅了。

說到這裏，我又想起另一作家克萊斯特（Henrich von Kleist）所寫的小說「米刻爾、科爾哈斯」（Michael Kohlhass）了。舍洛克悄然走出，失去反抗之力，而服從法院的判決。反之，科爾哈斯則不然了。他應得的權利受到侵害，法官曲解法律，不予保護，領主又左袒法官，不作正義的主張。他悲憤極了，說道：「爲人而受蹂躪，不如爲狗」，「禁止法律保護吾身，便是驅逐吾身於蠻人之中。他們是把棍子給我，叫我自己保護自己」。於是憤然而起，由正義的神那裏，奪得寶劍，揮之舞之，全國爲之震駭，腐化的制度爲之動搖，君主的地位爲之戰慄。暴動的號筒已經鳴了。權利感情受到侵害，無異於對人類全體宣戰。但是驅使科爾哈斯作此行動，並不是單單報仇而已，而是基於正義的觀念。卽余當爲自己目前所受的侮辱，恢復名譽；並爲同胞將來所受的侵害，要求保護，這是余的義務。結果，他便對於從前宣告他爲有罪的人——君主、領主及法官，科以二倍三倍以上的私刑。世上不法之事莫過於執行法律的人自己破壞法律。法律的看守人變爲法律的殺人犯，醫生毒死病人，監護人絞殺被監護人，這是天下最悖理的事。在古代羅馬，法官受賄，便處死刑。法官審判，不肯根據法律，而唯視金錢多少，勢力大小，法律消滅了，人民就由政治社會回歸到自然世界，各人均用自己的腕力，以保護自己的權利，這是勢之必然。

人類的權利感情不能得到滿足，往往採取非常手段。蓋國家權力乃所以保護人民的權利感情，而今人民的權利感情反為國家權力所侵害，則人民放棄法律途徑，用自助行為以求權利感情的滿足，不能不說是是出於萬不得已。然此又不是毫無結果，教徒的殉難可使羅馬皇帝承認基督教，歐洲各國的民主憲政何一不是由流血得來。科爾哈斯揮動寶劍實是「法治」發生的基礎。

(5)

國民只是個人的總和，個人之感覺如何，思想如何，行動如何，常表現為國民的感覺思想和行動。個人關於私權的主張，冷淡而又卑怯，受了惡法律和惡制度的壓迫，只有忍氣吞聲，不敢反抗，終必成為習慣，而喪失權利感情。一旦遇到政府破壞憲法或外國侵略領土，而希望他們奮然而起，為憲政而鬥爭，為祖國而鬥爭，事所難能。凡耽於安樂，怯於抗鬥，不能勇敢保護自己權利的人，那肯為國家的名譽，為民族的利益，犧牲自己的生命。至於名譽或人格也會因之受到損害，此輩是不了解的。此輩關於權利，只知其為物質上的利益，我們何能希望他們另用別的尺度以考慮國民的權利及名譽。所以國法上能夠爭取民權，國際法上能夠爭取主權的人，常是私權上勇敢善戰之士。前曾說過，英國人願為區區一便士之微而願付出十倍以上的金錢，與加害人從事鬥爭。有這鬥爭精神，故在國內能夠爭取民主政治，於國外能夠爭取世界霸權。

對於國民施行政治教育的是私法，絕不是公法。國民在必要時，若能知道如何保護政治的權利，如何於各國之間，防衞國家的獨立，必須該國人民在私人生活方面，能夠知道如何主張他們自己的權利。自己權利受到侵害，不問來自何方，是來自個人乎，來自政府乎，來自外國乎，若對之毫無感覺，必是該國人民沒有權利感情。是故反抗侵害，不是因爲侵害屬於那一種類，而是懸於權利感情之有無。

依上所述，我們可以得到簡單的結論，即對外國要發揚國家的聲望，對國內要建立強國的基礎，莫貴於保護國民的權利感情；且應施以教育，使國民的權利感情能夠生長滋蔓。

專制國家的門戶常開放給敵人進來。蓋專制政府無不蔑視私權，賦稅任意增加，沒有人反對；徭役任意延長，沒有人抗議。人民養成了盲從的習慣，一旦遇到外敵來侵，人民必萎靡不振，移其過去盲從專制政府者以盲從敵人政府。到了這個時候，政治家方才覺悟，要培養對外民氣，須先培養對內民氣，亦已晚矣。

是篇是節譯意譯德國法學權威 Rudolf von Jhering 的 Der Kampf ums Recht，是書本來是一篇演講稿，以後修改成書，除吾國外，世界各國均有譯本。我初到臺灣時，臺大法學院尚有是書，故我在政治學及其他著作中，均注出德文本那一版（第十二版）那一頁。大約民國六十年左右，是書忽然不見，而只有英譯本及日譯本。案 Recht 一語有兩種意義，一是法律，二是權利。英譯本書名爲 The Struggle for Law（由 John J. Lalor 從原書第五版譯出）。日譯本書名爲「權利鬥爭論」（由三村立人譯出，似是根據十一版）。兩譯本內容稍有不同之處。但日譯本文字難澀，不易了解，比之英譯本遜色多了。余參考兩種譯本，有的根據英譯本，有的根據日譯本，只意譯其大旨，刪去字數極多，增加字數亦有。蓋不刪去，稍嫌蕪雜；不增加，意義不明。余特別愛好是書富有感情，而且創見極多，能夠說出別人所不能說的話。故節譯出來，以供國內法律學者參考。惜余缺乏文學修養，對此世界名著，譯文既不「信」，又不「達」，復不「雅」，希讀者原諒。

五、人權宣言論

(1)

一七八九年八月二十六日法國國民會議（Assemblée Nationale）發表人權宣言（Declaration des droits de l'homme et du citoyen）（註一），這是法國革命時代最重要事件之一。對此宣言，從來人士曾由各種觀點予以各種解釋。政治家及歷史學家以爲這是暴民襲擊巴士提爾（Bastille）監獄（發生在七月十四日）之後，不久法國就陷入無政府政態之中的原因。蓋抽象的言辭可以解釋爲各種不同的意義，一旦應用於政治之上，而成爲政治家的施政綱領，最爲危險。高談濶論每可擾亂國民的視聽，使國民不能冷靜判斷是非，且會煽動國民的感情，使國民不知其應遵守的義務（人權宣言未提到義務）。其他人士尤其法國人士則謂人權宣言爲歷史上最大發明之一，它是近代自由主義的聖經，可以作爲國家法制的永久基礎。法國對於人類社會最寶貝的貢獻就是人權宣言。

註一　譯者案：應譯爲人權及公民權宣言，玆依一般譯法，簡單譯爲人權宣言。

但是這個宣言在法學史方面有何地位，到了今日，却不見有人用歷史觀點，用政治觀點，細加研究。宣言之價值如何，今可不論。歐洲大陸各國的成文法典受其影響，竟然發生個人的公權，則勿庸吾人懷疑。在此以前，各國法律雖然承認元首的大權、貴族的特權、某個人或某團體的特許權利，而關於一般人民，則只規定義務，甚至個人對於國家有那幾種請求權亦不之見。人權宣言發表之後，國民對於國家的權利，過去只是自然法所主張的，現在才用成文法規定。其最初成文法則爲一七九一年九月三日的法國憲法。這是法國第一部憲法，以人權宣言爲基礎，列舉許多自然權及公民權（droits naturels et civils），最後列舉之者則爲一八四八年十一月四日的憲法（註二）。這許多權利加上選舉權，成爲個人的公權，而爲法國政治上的學理及實際上的制度。法國以外，大陸國家均受人權宣言的影響，於其憲法之上，各依該國的環境，稍加修改，而列舉各種人民權利（註三）。

註二　譯者案：這是法國革命以後第九次憲法，制定於奧爾良（Orleans）王朝路易腓立（Louis Philippe）推翻之後。

註三　譯者因原文以下略述德國各種憲法關於人民權利的規定，這由吾國人觀之，不甚重要，故從略。

用抽象的文句規定個人在國家之內有何地位，若無法律爲之補充，實等於具文，並不發生效力。但是如斯抽象的規定人民權利，與一七八九年的法國人權宣言有何關係？一七八九年的法國人權宣言之來源爲何？在憲法史上不失爲重要問題。若能解釋這個問題，就可了解近代國家的發展及個人在國家內的地位。過去學者均率爾主張：遠者如英國大憲章，近者如美國的獨立宣言乃是人權宣言的先驅，而不深加研究法國人權宣言的來源。

普通學說均謂盧梭的民約論是促使法國發布人權宣言的動力，而北美十三州的獨立宣言則爲人權宣言的模範。我現在先討論這個見解是否妥當。

(2)

保羅冉勒特（Paul Janet）所著政治學史，在法國可以稱爲一部偉大的著作。他先研究民約論，而後再述民約論對於法國革命的影響，以爲人權宣言的思想，其淵源可求諸盧梭的學說。他說：「人權宣言乃基於盧梭的思想，而爲國家契約的實行；至於個個權利不過契約的條項及條件而已」（註一）。

註一 P. Janet, Histoire de la science politique 3 ed. II. p. 457, 458.

但是民約論所主張的只有一個意見：即個人一切權利，全部讓給社會。盧梭說：「個人進入國家之時，依其個別獨立身分，沒有任何權利，其所有的權利是由公意(volonté générale)給予，又依公意決定權利的限界。公意不受法律的限制，也不許受到限制。縱是所有權也唯於國家允許之時，才屬於個人。社會契約使國家成爲一切國民的一切財產的所有主，國民只是公產的受託人，而繼續其占有。國民除去義務之外，若有殘留部分，這個部分才是國民的自由。人民的義務只唯法律才得規定，但立法權却受了一種限制，卽法律對於一切國民必須以平等待之。這是對於主權的唯一限制，而是基於主權的性質而來，所以平等有沒有保障，又由主權自己決定（註二）。

註二 Contrat social, I. 6, 7, 9. II. 4.

人類之於社會必有其固有的權利，此種權利可用法律限制。這個思想盧梭是反對的。世上並沒有拘束公意的基本法，社會契約對於公意也沒有拘束力。

反之，人權宣言則於國家及個人之間，劃了一個境界線，立法者必須遵守這個境界線。換言之，卽用境界線以保護人類之天賦的、不可讓與的、神聖不可侵犯的權利。

由此可知人權宣言與盧梭的民約論的主張完全不同。依民約論，沒有個人的權利，而只有公意的萬能力（Allmacht），公意於法律上不受任何限制。

總之，一七八九年八月二十六日人權宣言是與盧梭的民約論相反，而另有其他來源。現在試來研究人權宣言到底基於那一種文獻。

(3)

權利宣言所含有的理想，在法國，於召集三級會議（Etats generaux）（註一）以前，已經很流行了。吾人讀那提出於三級會議的備忘錄（cahier），就可知道此時已經討論權利宣言了。其中最有價值的則為努穆爾地方（Bailliage von Nemours）（註二） 的備忘錄，中有一章標題為人權及公民權有宣言的必要，而提出草案三十條。其他草案以巴黎市第三級階級的備忘錄最著名於世。

註一　譯者案：一七八九年五月五日三級會議開會，發生了院制問題。第三階級因代表人數多，主張合併開會，特權階級因代表人數少，主張分設兩院。六月十七日第三階級自行組織國民會議（Assemblee Nationale）。國王因形勢危急，強迫特權階級的代表合併於國民會議之中，於是院制問題才告解決。七月十四日暴民襲擊巴士提爾監獄，八月二十六日國民會議發表人權宣言，一七九一年九月三日國民會議通過憲法（這是第一次憲法），而自行宣告解散。十月人民依憲法規定，選舉議員，組織國民會議。一七九二年八月十日暴徒襲王宮，捕國王投之獄中。國民會議組織臨時政府，並修改選舉法，召集國民制憲會議（Convention Nationale），而自行宣告解散。九月二十二日國民制憲會議開會，宣告廢除王政、改建共和，這就是世人所謂第一共和。一七九三年一月處國王以死刑，六月二十四日通過憲法草案，提交人民複決，於六月二十四日公布，但並未施行，這就是世人所謂雅各賓憲法(Constitution Jacobins)（第二憲法）。自是而後，雅各賓黨就實行恐怖政治，一直到一七九四年七月四日羅伯斯庇爾（Robespierre）被殺，恐怖政治才見停止。

註二　譯者案：Bailliage 是當時法國地方行政區的單位，故譯文以「地方」二字代之。

其正式提出於國民會議的，則爲一七八九年七月十一日拉法夷脫（Marquis de Lafayette）提議發布憲法及權利宣言，他且提出權利宣言草案。

拉法夷脫所以有此提議，一般人均謂取範於美國的獨立宣言，國民會議通過這個宣言，也是以獨立宣言爲例。多數學者均謂美國獨立宣言不但簡潔，甚得要領，而且適合於現實情況；比之法國的人權宣言，言辭曖昧，流於空想者，高明多了。有些學者又謂美國憲法第一次修正條文比較人權宣言進步。其最誤謬的，美國憲法第一次修正是在一七八九年八月二十六日以後，而學者竟謂修正條文對於人權宣言，影響甚大。這個誤謬是因一七八九年的人權宣言曾照原文規定於一七九一年九月三日的憲法之中。因此，對於法國歷史不甚熟悉的人只見憲法的條文，而不識其發布的年月。

學者關於法國人權宣言的淵源，均以爲一七七六年七月四日美國獨立宣言爲最初列舉人權的文獻。其實，美國的獨立宣言有似於人權宣言的只有一條。其文辭如次：

我們以左列事項爲自明之理，人類生來就是平等，上帝給予人類以不可讓與的權利，卽生存、自由及追求幸福的權利。人類爲保護這種權利，而後設置政府。政府的權限是由被統治者的同意而後發生。政體如有破壞這個目的，不問何時，國民均得變更之、廢除之，而組織新的政府。政府應如何組織，有如何權力，方能確保國民的幸福，並容易講求達成目的的確實方法，決定之權屬於國民。

本條文太過概括，吾人無法由此而分析人權及公民權。故凡以獨立宣言爲人權宣言的模範的，實在是大誤特誤。

吾作此言，可取證於拉法夷脫的回憶錄（Memoire）。他的回憶錄從來爲學者所忽略的，則爲他在國民會議提議發表人權宣言，曾引爲模範的文獻。他先說明當時美國十三州各有主權，聯邦組織伊始，其國會(Kongress)不能制定法律以拘束各邦。次又說明獨立宣言不過聲明兩點：一是主權在民，二是人民有變更政體的權。至於其他權利，單單列舉那些受到母國侵害的權利，藉以說明其與母國脫離的原因。

各州在制定憲法之前，先發布權利宣言，而此權利宣言則有拘束各該州代表的權。最先發表權利宣言的是維基尼亞州(Virginia)。

拉法夷脫的動議是有鑒於維基尼亞州及其他各州的權利宣言。不但拉法夷脫而已，凡主張發表權利宣言之人都曾受到美國各州的影響。上舉各種備忘錄可以證明吾言之不妄。

當時美國各州憲法已經傳至法國。一七七八年法譯美國各州憲法已經出版，法蘭克林(B. Franklin)時在瑞士，收到一本。一七八三年法蘭克林又建議譯成各國文字而出版之。這對於法國革命時代制定憲法，影響甚大。可惜世人能夠知道的，爲數不多。歐洲學者到了最近，尚只知美國憲法，而不知美國各州憲法。其實，在近代憲法史方面，美國各州憲法乃是極重要的文獻。而且成文憲法實以美國各州憲法爲嚆矢。可惜許多著名的歷史學及國法學的學者均未注意這個事實(註三)。

註三 譯者案：原文以下說明一八七七年美國參議院通過議案，令波爾(B.P.Poore)彙集美國古來憲法條文而刊行之。因其不甚重要，故略去不譯。

法國的人權宣言乃以美國各州的權利典章(bill of rights)或權利宣言(declaration of rights)爲模範。人權宣言草案加上備忘錄，提出於國民會議的，共有二十一種之多；雖然長短不齊，巧拙有別，但均模倣美國各州的權利典章及權利宣言；其新加上的不過空洞的理想，關此問題沒有詳述的必要。我們所欲研究的乃是法國制憲會議經過許多討論，由八月二十日至八月二十六日所通過的人權宣言。

(4)

一七七六年五月十五日美國各州在非列得爾菲亞(Philadelphia)開聯合會議(Congress)，勸告各州制定憲法。在十三州之中，於法國革命以前，應此要求而制定憲法的有十一州之多。其餘兩州則以英國國王過去頒給的特許狀(Charakter)爲其憲法，一是康涅狄格州(Connecticut)以一六六二年的特許狀，一是羅德島州(Rhode Island)以一六六三年的特許狀爲其憲法。此二者在現代意義之下，可以說是最古的成文憲法。

其他各州之中，最初是維基尼亞州(Virginia)由一七七六年五月六日至六月二十九日召集於威廉堡(Williamsburgh)的會議(Konvention)通過了該州憲法，而冠以權利典章(bill of rights)。這個權利典章是於六月十二日由會議通過，起草人爲麥遜(Georg Mason)；最後促成其發表的則爲馬底遜(J. Madison)。維基尼亞州的權利典章成爲各州的模範，美國的獨立宣言也是取範於此（註一），起草人爲維基尼亞州人哲斐孫（T. Jefferson），這是世人共知的事。獨立宣言與維基尼亞州的權利典章有許多不同之處，又有新增加的文句。

註一　譯者案：美國的獨立宣言比維基尼亞州的權利典章，後三星期（一七七六年七月四日）才發表。

繼維基尼亞之後，在一七八九年以前，於憲法之上載有權利宣言（包括bill of rights及declaration of rights二者而言）的，有下列各州：

賓夕法尼亞州（Pennsylvania）	一七七六年九月二十八日
麥利蘭州（Maryland）	一七七六年十一月十一日
北卡羅陵納州（North Carolina）	一七七六年十二月十八日
威爾滿州（Vermont）	一七七七年七月八日
馬薩諸塞州（Massachusetts）	一七八〇年三月二日
新罕木什爾州（New Hampshire）	一七八三年十月三十一日（一七八四年七月二日施行）

新澤稷州（New Jersey）、南卡羅陵納州（South Carolina）、紐約州及佐治亞州（Georgia）的最初憲法雖不規定權利典章，但各種類似的文句散見於各條之中者却不少。至於德拉瓦州（Delaware），吾人於一七七八年出版的法譯美國各憲法中，可以看到一七七六年九月十一日所議決的權利宣言（註二）。

註二　上面第三節「註三」所舉 Poore 的美國憲法彙編未載。

余今先將法國人權宣言各條與美國各州的宣言各條，擇其條文相類似的，互相對照。茲應注意的，美國各州的宣言，其根本思想完全一樣，不過表現的文字稍有差別而已。各州權利宣言均有弁言，今捨弁言而不談，只就它們所列舉的權利作一對照。弁言均謂「於最高的上帝之前，在其保護之下」，承認人類及公民的權利而宣布之。這是以美國獨立宣言為模範的。

(5)

法國人權宣言	美國各州的權利典章
第一條　人類自出生而至以後生存均有自由平等的權利。社會上不平等除為公共利益之外，不得為之。	維基尼亞州第一條　一切人類本來就是平等的有自由獨立及天賦的權利。人類組織社會，不問任何約束，均不得剝奪後代子孫的此種權利。所謂此種權利就是生命、自由，取得財產而所有之，及採用各種方法以獲得幸福和安全的權利。
第二條　一切政治組織的目的均在於保護人類之天賦而不可讓與的權利，即自由、財產、安全及抵抗壓制的權利。	維基尼亞州第四條　不問任何一人及任何種類的人，苟非對於社會有所貢獻，不得由社會享受獨佔的或特殊

	第三條　一切主權必出自國民。不問任何團體，任何個人均不得行使非出自國民的權力。	第四條　自由是謂不妨害別人而作一切行爲之意。除妨害社會上其他各人享有同一權利外，不受限制。其限制非依法律不得爲之。
的權利。 馬薩諸塞州憲法弁言　政府的設置及政府的行政，目的皆在維持政治團體的安定，藉以保護個人的安全，使其獲得自然的權利及生活的幸福。 馬薩諸塞州第一條　一切人類生來都是自由的、平等的，且有自然的、根本的、不可讓與的權利。 麥利蘭州第四條　對於專制及壓迫的權力，不許人民反抗，是荒謬的，奴隸根性的，而且破壞人類的良好生活及其幸福。	維基尼亞州第二條　一切權力在於國民，又出自國民。官署只是國民的受任人，國民的奴僕，不問何時，均對國民負責。	馬薩諸塞州憲法弁言　政治團體是個人依其自由意志而結成的。這是全體國民與每個公民，或每個公民與全體國民訂立的社會契約。一切均爲社會共同幸福，受某一種法則的規制。 馬薩諸塞州第十條　各人依現行法律規定，對其生命自由及財產有受社會保護的權利。

第五條　法律除行爲有害社會之外，不得禁止之。法律所不禁止的行爲不得阻止。法律所不命令的行爲不得強制任何人爲之。	馬薩諸塞州第十一條　共和國的人民對其身體、財產、名譽受到侵害及不法的干涉之時，有訴於法律，要求補救的權利。 北卡羅陵納州第十三條　一切自由民當其自由受到限制之時，有要求補救之權。官署應詳究限制是否合法，若不合法，應撤銷之，不得拒絕，亦不得延滯。 維基尼亞州第七條　不問那一種職權，非得人民代表同意，而竟廢止法律或停止法律之執行，都是侵害人民的權利，不得爲之。
第六條　法律是公意的表現，一切公民有由自己或由代表，參加制定法律的權利。法律之前，不問保護或處罰，人人平等。法律之視一切公民是平等的，所以公民得依其能力，除自己技能外，沒有任何差別，得受一切尊號（譯者案：指將校之類）地位及職務。	麥利蘭州第五條　國民有參與立法的權利，這是保障自由的最佳方法，且爲一切自由的基礎。 馬薩諸塞州第九條　一切選舉均爲自由。本州一切住民苟有法律上所規定之資格，得爲公共職務，關於公務人員的選舉及被選舉，有平等的權利。 新罕木什爾州第十二條　本州住民除依他們自己或依他們的代表團體所同意的法律外，不受任何拘束。
第七條　任誰非有法律規定的情況，依法律規定的形式，不受起訴、逮捕或拘禁。凡請願、發布、執行或迫令執行專擅的命令者，	馬薩諸塞州第十二條　人民非明知自己的行爲於實質上及形式上有犯罪的嫌疑，不負犯罪的責任。官署不得強迫人民承認自己罪狀，亦不得強迫人民自己提出犯

應受處罰。但公民依法律而被傳喚或逮捕者，應即遵從，不得抗拒。	第八條　除絕對的必要的刑罰之外，法律不得規定之。任誰非依犯罪以前所制定且公布的法律，並依適當的法律條文，不得處罰之。
罪的證據。人民得提出一切有利於自己的證據，而與對方辯論。人民有選任律師代替自己辯護的權利。人民非依審判，並依法律，不得逮捕、監禁、侵害或剝奪其財產權、免稅權或特許權。任何一人均受法律的保護，不得將他驅逐出法律之外，而侵害其生命、自由及財產。 維基尼亞州第十條　沒有犯罪的證據，而乃搜索可疑的場所；沒有明白寫出姓名或沒有明白寫出犯罪的適當證狀，而乃命令官吏或差役逮捕一人或數人，都是有害的、壓制的，不得爲之。	新罕木什爾州第十八條　刑罰的輕重，應比例犯罪的性質爲之。 麥利蘭州第十四條　宣告死刑的法律於符合國家安全的限度內應避免之。凡法律給予犯人以非常慘酷的苦痛及刑罰，以後不問何時，也不問何種情況，均不得制定之。 麥利蘭州第十五條　法律制定以前所作的行爲，由於新法律方構成爲犯罪的，如斯追溯法是壓制的，不合於正義，而又與自由不能兩立。任何溯及法不得制定之。

第九條　凡人在宣告有罪以前，均視爲無罪。若有逮捕之必要，亦不許用不必要的暴力，以拘束其身體。法律對此應嚴加禁止。	馬薩諸塞州第十二條　已舉於上。 馬薩諸塞州第十五條　人民的身體、住宅、文件及一切所有物，不得加以不合理的搜索及沒收。 馬薩諸塞州第二十六條　任何官署或法院不得要求過高的保釋金或擔保金，亦不得科以過高的罰金。
第十條　一切人民發表意見，苟不擾亂法律所規定的公共秩序，不得妨害其自由。宗教上的言論亦然。	新罕木什爾州第五條　各人有從其良心及理性的命令，崇拜上帝的權利，這種權利是天賦而不可讓與的。任誰關於信教，若不擾亂公共安寧，而又不害別人者，得依自己良心，或依宗教觀念，或依教條指示，用最合適的方法，於最合適的時期，祭祀上帝，不得妨害其身體自由，損傷其財產，或加以任何限制。
第十一條　思想及意見的自由交換乃是人類最珍貴的權利之一。各公民除濫用法律所禁止的言論自由而須負責之外，有言論、著作、出版的自由。	維基尼亞州第十二條　出版自由乃是保護自由最重要的手段，故除專制政府之外，均不加以限制。 賓夕法尼亞州第十二條　人民有言論、著作及出版的自由。
第十二條　保護人權及公民權，有設置公權力之必要。這個權力是爲人民利益而存在，非爲該權力的受任人特殊利益而存在。	賓夕法尼亞州第五條　政府是爲保護人民、國民或公共團體的共同利益，謀其安全利益而存在。非爲公共團體內某一個人、某一個家族或某一個階級的特別利益

	或利便而存在。
第十三條　爲維持公權力及行政所需要的經費，賦稅是必需的。賦稅應依一切公民能力、平等分配之。	馬薩諸塞州第十條　社會內各個人有依當時法律，由社會保護其生命、自由及財產的權利。因此，各個人應分擔保護所需要的經費，必要時尙應供給勞務或等價的物。
第十四條　一切公民或由自己或由代表，有權承認賦稅之必要，卽對於賦稅有同意權，檢查其用途，確定其性質，評定其稅率，繳納的方法及課征的期限。	馬薩諸塞州第二十四條　不問任何理由，非經人民或人民代表同意，不得創立津貼、規費、租稅、輸入稅或關稅，定其稅率而賦課之或征收之。
第十五條　社會對於行政人員有向其問責之權。	維基尼亞州第二條　已舉於上。 馬薩諸塞州第五條　一切權力本來屬於人民，且出自人民。不問立法、行政或司法，凡行使職權的官署或官員，都是人民的代理人，隨時應對人民負責。
第十六條　一個社會沒有保障人民的基本權利，沒有確立分權的制度，可以說是沒有憲法。	新罕木什爾州第三條　人類進入社會，爲了享受保護，應拋棄自然權的一部。拋棄而無等價的報償，拋棄無效。 馬薩諸塞州第三十條　立法部決不行使行政權與司法權，或二者之一。行政部決不行使立法權與司法權，或

二者之一。司法部決不行使立法權與行政權，或二者之一。要之，本州政府是法治政府，不是人治政府。	
馬薩諸塞州第十條（上略）縱令個人的一部分財產，非經該人同意或經人民代表團體同意，不得奪取之，以供公共之用……若因共同危急，而有沒收個人財產以供公共使用之必要者，應給予以適當的賠償。	第十七條　所有權為神聖不可侵犯的權利，非經法律認為公共必要，並給予以事前決定的賠償，不得剝奪之。
威爾滿州第二條　私有財產在必要時，應供為公共利用。但為公共利使而欲取得某特定人財產之時，該所有人應得金錢上的賠償。	

(6)

我們若比較美國各州與法國的宣言，第一引起我們注意的，就是兩者均列舉抽象的主義，內容甚為廣泛。其語氣充滿着熱烈的感情，兩者又復相似。由此可知法國人不但接受美國的思想，而其表現的形式亦與美國相同。但美國人文辭冗長；法國人因其國語的特質，比較簡潔。在法國的宣言之中，新增加的為第四條至第六條，然此不過對於自由及法律二語予以定義。此外，法國宣言第四條、第六條及第十三條強調各人在法律上一律平等，此蓋法國在革命以前，社會極不平等。反之，美國因其社會關係及民主制度，認平等為自明之理，所以單單隨處提及，不必專設一條規定。這也許可以說是法國人受了民約論的影響。但是法國人若不知道美國的權利宣言，恐亦不能寫出美國宣言所未規定的條文。

這個事實對於歷史學者判斷法國人權宣言的價値，甚有意義。美國各州有了權利典章，而後社會方有秩序，不至陷國家於混亂之中。法國發布人權宣言之後，竟然引起許多混亂。一則以治，一則以亂，可知法國混亂的原因未必是由於人權宣言的發布。雖然如此，我們亦可知道一國不顧自己的實際情況，而乃輕率採用外國法律，是很危險的。案美國人早已受到自由及民主的訓練，一七七六年不過作更進一步的發展；反之法國則將其固有的政制從根破壞。換句話說，權利宣言在美國成爲社會發展的一個階段；在法國，徒使國家陷入紛亂之境。這在當時有識之士，例如彌拉波(Comte de Mirabeau)已經知道了。

於此，法制史學者研究美國的權利典章，又發生了一個新的問題。即美國人如何知道用立法方式，作如斯的規定。

我們一瞥權利典章的名稱，就可得到答案。即依其名稱所示，其淵源乃在於英國。一六八九年的 Bill of rights，一六七九年的 Habeas Corpus Act，一六七二年的 petition of right，及最初 Magna Charta libertatum 都可視爲維基尼亞州的 Bill of rights 的先驅。

美國人本來是以英國法律爲其各州法律的一部，則此等著名的英國法律，對於一七七六年以後的權利宣言有重大的影響，固不待言。而且大憲法及英國的權利典章尚有許多條文直接成爲美國所列舉權利的條文。

但是美國的宣言與上舉英國法律之間又有極大的差別。研究美國革命史的學者常謂美國人是用人類的永久法 (ewigen Gesetze) 之名，對於一切壓制而作反抗。「英國一六八八年的 Petition of right（註一）乃是復古的，卽恢復古來已有的權利。維基尼亞州的宣言則發生於人類的本心 (Herze der Natur)（註二），對於將來的國民指示其應遵守的原則」。

註一 譯者案：此處德文用 Petition der Rechte，卽英文之 Petition of right。但 Petition of right 乃發表於一六七二年。G. Jellinek 是引用 Bancroft, History of the United States VII, p. 243 (rev. ed, 1876, V. p. 262)，其原文爲 "The English petition of right in 1688 was historic and retrospective; the Virginia declaration came out of the heart of nature, and announed Joverning principles for all people in all future times." 見原書三十四頁之註三。

註二 譯者案：Herze der Natur 是譯自英文之 heart of nature，見上文註一。余譯之爲本心，未必妥當。

大凡英國法律若有規定人民權利，都是由於特別原因（註三），而後承認或解釋其已存在的權利。大憲章並未產生新的權利，這在十七世紀之末，英國法學權威科克 (Sir Edward Coke) 已經說明過了。英國法律不欲承認一般人權，也不想限制立法權而指示以將來立法的原則。依英國法，國會是萬能的 (allmächtig)，國會所承認而公布的法律，效力完全相同，不分軒輊於其間。

註三　譯者案：所謂特別原因，大率均是由於對外戰爭，需要巨額的戰費，不得不承認納稅人的權利。所以 H. Hallam說：「我們英國人的自由權利與其說是我們祖宗用血得之，不如說是我們祖宗用錢買之」。

反之，美國的宣言則對於立法機關，規定其應遵守的原則。在美國及其各州，普通立法機關與制憲機關不同。普通立法機關是否遵守憲法所規定的限界，則由法官監督之。法官若認法律侵害人民的基本權利，得拒絕適用。因此，權利宣言在今日美國尚成爲保護少數人的堡壘。由此可知美國的權利宣言與歐洲各國憲法所保障的權利不同。美國的權利宣言不只是最上級的法律，而且由最上級立法機關（卽制憲機關）制定之。在歐洲，修改憲法固然需要鄭重的程序，然議決修改的機關却是同一的普通立法機關。至於立法機關是否遵守憲法，法官無審查的權。在瑞士，制定憲法及普通立法雖由兩個不同的機關爲之，然而也沒有審查法律有否違憲的機關（註四）。

註四　譯者案：今日歐洲大陸許多國家已設置一個特殊法院——多稱爲憲法法院——以審查法律有否違憲。

美國的權利典章不但規定國家組織的根本原則，且又於國家與個人之間，劃了一個境界線，使國家的權力不越出境界線之外。依權利典章所說，個人不是由於國家承認，才成爲權利主體，而是天然的成爲權利主體，而有不可讓與、不可侵犯的權利。這又是英國法律所沒有的。英國法律不承認天賦權利，而只承認那繼承於祖宗而爲英國人過去已經有了的權利。

關於這一點，吾人觀英國的臣民權（Untertanenrecht）的思想，卽可知之。吾人細閱英國的權利典章(bill of rights)，就可發見其中規定個人權利的條文極少。比方「法律不得停止執行」，「法律應適用於一切人民」，「不得設置特殊法院」，「不得科以殘暴的刑罰」，「應適當任命陪審員」，「租稅非依法律不得征收之」，「常備軍非依國家同意，不得設置之」，「國會議員的選舉是自由的」，「國會應照常召集之」。此種條文皆非個人權利，而只是政府的義務。英國權利典章（bill of rights）共十三條，其可視為人民權利的只有兩條，此外尚有一條規定國會議員有發言的自由。固然如是，其全部條文所以視為英國國民的權利及自由者，蓋英國人有一種見解，以為限制君權就是人民的權利。

此種見解乃直接發生於中古日耳曼民族的國家觀念。遠古國家自有歷史以來，或稱為polis，或稱為 civitas（均是市民團體之意），而為統一的市民團體。反之，日耳曼君主國自始就成為二元的，卽君主與國民不是統一體，而是對立的主體。因此，當時國家乃視為君主與國民二者之間的契約關係。羅馬法及教會法的學者受了過去傳說的影響，自十一世紀以後，就欲統一這兩個要素，使其成為一體，於是遂以契約的思想為根據，或謂國民將其權力讓給君主，所以政府就是國家。或謂君主只是國民的受任人，所以國民與國家為同一的物。然自統治觀念發生之後，尤其自身分國家（ständische Staat）成立之後，學者均以國家為君主與國民雙方的契約關係。法律只是契約的內容，由是法律上就發生了兩種請求權（Forderungsrecht），對於君主請求其遵守法律，對於國民請求其受法律拘束。國民由此關於君主執行法律，就視為可以保護自己的權利，而認一切法律均足以創造國民的權利（註五）。茲所謂國民是指個個人民及整個國民而言。這樣，國會必須常常召集，法官不得使用嚴酷的刑罰，便成爲國民的權利。

註五　譯者案：此處原文太過簡單，不易了解。蓋謂君主本來只有權力，現在乃負有一種依法律行使權力的義務。國民本來只負義務，現在也有一種只受法律拘束的權利。換言之，卽有一種無須服從違法的權力的權利。舉例言之，國民有依法律納稅的義務，依此條文，君主征稅之時，負有一種「依法律」的義務，因之國民就取得了一種「超出法律範圍之外，不必納稅」的權利。

用法律規定國家兩個要素卽君主與國民雙方的權利，這是英國政治史上一貫的思想。法律所承認的權利代代相傳，終而成爲世襲的權利，弄到最後，國民便以之爲生來就有的權利，這是勢之必然。在亨利第六時代的文書之中，關於法律已經說道：「國王的繼承物之中，法律最爲重要。蓋國王及一切人民均受法律的拘束。沒有法律，就沒有國王，也沒有繼承」，在 Petition of right 中亦說：「國會用法律使人民繼承其自由」。在 Act of Settlement 中又謂「法律是國民生來就有的權利（birth right），卽祖宗代代相傳，國民由出生而取得的權利」。

在十七世紀的英國法律之中，我們只看到古代傳來的「權利及自由」，國會不過要求國王承認不成文法及制定法，換言之，卽只要求國王確認國王與國民的既存關係。我們在此類文獻之中，看不到新權利的創設，如信教自由、集會自由、出版自由、遷徙自由等等均無規定。時至今日，英國法學還謂個人自由是受一種原則的保護。所謂一種原則就是一切加在人格上的拘束須有法律上的根據。即依英國觀念，自由權只是依法律而爲統治之意。換言之，自由權不是主觀的權利 (subjektives Recht)，而是客觀的法規 (objektives Recht)（註六）。德國也有自由權不外政府的義務之言，這個學說創於革爾柏 (K. V. Gerber)，而爲拉班德 (P. Laband) 等人所崇奉。英國早有這個思想，而與德國學說無關。蓋自陸克 (J. Locke) 及布拉斯頓 (W. Blackstone) 用自然法以解釋公權的思想失去勢力之後，勢之所趨，自可發生上述那種的結論。

註六　譯者案：德語名詞之 Recht 有三種意義，一是權利，二是法律，三是正義。譯文不易了解。質言之，所謂自由權只是君主與國民雙方均受法律的拘束。君主受到法律的拘束就形成爲人民的權利。

但是陸克雖用自然法以解釋權利，而仍不脫英國傳統的思想。陸克以爲所有權（包括生命及自由）乃是國家成立以前個人的原始權 (vorstaatliches Urrecht)，國家是爲保護這種權利而組織的。這種權利雖由天賦權利變爲市民權利，但陸克並不承認人類在國家之內有確定限界的基本權，最多只唯對於立法權加以絕對的限制，而此限制又是出於維持國家秩序的必要。我們再細加觀察，此種限制只是權利典章 (bill of rights) 中最重要的條項；而權利典章則於陸克刋行其所著「政府論」(Tow Treatises of Government) 前一年公布（註七）。

註七　譯者案：權利典章發布於一六八九年，政府論刋行於一六九〇年。

到了布拉斯頓，才於一七六五年，依陸克及權利典章的思想，由個人權利觀念出發，建立個人絕對權（absoluten Rechte）的學說，卽以安寧、自由、所有權爲每個英國人的絕對權利。然此權利只是於自然的自由（natürliche Freiheit）之中，除去法律爲了公共利益而加限制之外，其餘才是個人的自由權利。然而保護此種權利的工具還是法律（註八）。國會的組織、國王大權的限制、法律所保障的請求權、請願權及携帶武器的權利完全與權利典章所列擧的相同，以之爲英國人的權利。卽布拉斯頓的思想雖然根據自然法，但他所謂權利人不是一般人類，而只指英國人民。

註八　譯者案：此句是謂法律之所保護，法律能剝奪之。此與美國將權利規定於憲法之上，而受憲法保障者不同。

反之，美國權利宣言則謂一切人類生來就是平等的、自由的，其權利乃屬於一切人類，卽屬於每個人，社會內每個構成員。其所列擧的權利比之英國，種類多，而又是天賦的，不可讓與的權利。現在試問美國法律有此規定，其來源爲何。

這當然不是由英國法而來。它是根據當時自然法的思想麼？自然法觀念雖然早已存在於希臘時代，但規定人類的基本權利，却未之有。自然法學說固曾區別自然法與制定法之不同，而要求制定法應以實現自然法爲目的。只唯「法律彙編」（Digest）（註九）中曾引烏爾皮安（Ulpians）（註一〇）一段話：依自然法，人類是平等的，奴隸制度則爲制定法的結果。然而羅馬人並未曾實行這個見解於實際社會。一直到十八世紀，許多學者尙謂人類的天賦自由可與成文法上不自由調和。陸克雖以自由爲人所以爲人的本質，但他所起草北卡羅陵納州憲法還是承認奴隸制度及人身買賣之制。

註九 譯者案：「法律彙編」是東羅馬皇帝查士丁尼（Justinian the Great）集合許多法學家編纂之。

註一〇 譯者案：他是羅馬時代有名的法學家。

單單依靠學說，決不能發生結果。學說而能發生實際結果，必須歷史上及社會上有促其發生結果的條件。我們固然可以說明某種思想的來源，但不能依此而即證明該思想歷史上已經成為制度。今日政治方面有許多學說，而其成為制度的却渺渺無幾。至於新發生的政治思想已經是少之又少，大率多萌芽於過去國家學說之中。固然制度本身不斷的變更，然皆依各國特有的歷史發展，現出特殊的形態。

(7)

新教徒所組織的教會是以民主思想為基礎。在英國，十六世紀之末已由勃朗（Robert Browne）及其門徒提出完美的說明。他們視教會為一種公共團體，即教會只是教徒與上帝訂立契約，而服從基督的團體。這個團體只服從團體的意思，即只服從多數人的意思。勃朗一派在英國受到迫害，逃至荷蘭，由該派魯濱遜（John Robinson）組織聯合教會派（Kongregationalismus）（註一）；這就是後來獨立教會派（Independentismns）的最初形態。聯合教會派主張教會應分離於國家之外，各在各的團體之內有自主權。一六一六年對於詹姆士第一的請願書就是主張精神方面的行政工作應屬於教會，教會則依國民的自由同意，直接於基督之下，獨立執行其工作。

註一　譯者案：德語之 Kongregationalismus 即英語之 Congregationalism，英漢辭典及德華字典均譯作聯合教會派。

宗教方面每個人都視爲獨立自由的主權者，這個主義對實際問題曾引起重大的結果。蓋在此主義之下，個人可以要求國家承認個人有完全的信教自由。他們以爲信教自由不是俗世的力量所能給予，從而也不是俗世的力量所能剝奪。

但是獨立教會派的主張不但限於精神方面，其根本思想又可應用於政治方面，此乃邏輯上必然的結果。他們以爲國家及其他政治團體也和教會一樣，由個個獨立自主的構成員訂立契約而後組織起來。訂立這個契約本來是爲實行上帝的命令，然其結果，契約竟成爲團體之法律上的根據。契約是依個人權利而訂立之，不但要用以維持安寧，增加幸福，此外且承認人類有天賦的、不可讓與的信教自由。訂立這個契約的應爲全體國民，因爲不論何人苟非得到全體國民同意，可不受自己所組織的政府的統治，可不受自己所制定的法律的拘束。

如斯宗教的政治思想可回溯於遠古，並不是宗教改革以後才發生的，但其實行却是輓近的事，遠古並無其例。自有歷史以來，用社會契約以說明國家的起源，最初只是學者的空想，到了此時才成爲一種運動而控制人類的實際生活（註二）。

註二　以下十餘行略去不譯。

一六四七年十月二十八日克倫威爾 (Oliver Cromwell) 軍隊的軍事會議 (Versammlung des Armeerates) 曾由勒味拉一派 (Levellers)(註三) 提出他們所起草的英國憲法草案，其後大加增補修改而提出於國會，並請提交英國全體國民簽名於其上。玆宜注意的，該草案與後來美國人的見解相同，以爲國會的權力是有限的，且列擧數條，認爲將來國會的立法權亦不得限制之，其中第一擧出的就是信敎唯依良心所命而有完全的自由。此外尙規定此等權利乃是國民生來就有的權利 (native rights)，凡有侵害這個權利，國民應盡全力抵抗之。

註三 譯者案：應譯爲平等主義者。在克倫威爾軍隊之中，有一派主張極端的平等主義，不但主張選擧權平等，且又主張財產分配平等。其領袖爲約翰尼爾朋 (John Lilburne)。

這是英國第一次，也是最末次用法律規定信敎自由是人類生來就有的權利。信敎自由在今日英國，事實上已由法律承認，但法律並沒有明文規定。

反之，美洲英國殖民地於宗敎方面，其發展乃與母國不同。

受到英國迫害而驅逐出境的聯合教會派的「朝聖父老」(註四) 於一六二〇年十一月十一日在「五月花」(Maiblume = Mayflower) 船中，訂立契約，這是衆所共知的事。當時船中共有四十一人，每人均簽字於契約之上。該契約宣布：爲傳播基督敎，爲國王及祖國的榮譽，玆開創殖民地。並宣誓約束結合爲政治團體，以維持善良秩序；爲達成共同目的，發布法律，設置官吏，各人都應服從。

註四　譯者案：原文為 Pilgrimväter，直譯為參詣聖地的父老，此處是指初次坐「五月花」之船移住美洲的人。

這是英國移住於美洲的人民最初訂立的殖民契約(Pflanzungsverträge)，此後移住民陸續訂約不已。蓋他們深信：依其宗教上及政治上的主義，在創立新殖民地之前，有訂約的必要。茲只就其與信教自由有關者述之。

一六二九年清教徒於馬薩諸塞州創立第一殖民地沙蓮（Salem）。他們在英國因宗教上的主義不同，受盡迫害，不得不離開母國。其後一六三一年獨立教派有一位青年信徒叫做羅革威廉士(Roger Williams)的，在馬薩諸塞州登陸，不久就由清教徒迎為神甫。但威廉士主張教會應與國家完全分離。關於信教，不但基督教徒，就是猶太人、土耳其人，及其他邪教信徒，不問他們所信何教，也有絕對自由。一切信徒在政治上、法律上的權利一律平等。個人的信仰乃個人的事，非國家的事。威廉士的主張太過急進，不為多數人所接受，卒因受到許多迫害，不能不離開沙蓮，而於一六三六年與其二三同志，於印第安人所盤踞的拉那干塞（Narraganset-Irdianer），設置「天佑村」（Providence）。凡受宗教迫害的人均可避難於此地。其所訂契約要求避難人服從多數人同意的法律，但所應服從的限於俗世之事；宗教的事不得成為立法的對象。如是，無限制的信教自由便承認了。然此承認竟然出於宗教心最虔誠的人，不是很奇怪麼。

一六三八年有移住民十九人離開「天佑村」，而於今日的羅德島州(Rhode Islard)，建立第二殖民地阿奎勒克（Aquedneck）。在建立以前，也訂了一個值得注意的契約（註五）。

註五　原書四九頁之「註一」曾載契約中一段英文。

當時的人都有一種思想，要創立殖民地，必須訂立契約，雖然他們並不如羅革威廉士（Roger Williams）那樣，主張信教絕對自由。一六三八年清教徒一派又由馬薩諸塞州移住於康涅狄格州（Connecticut），創設殖民地，其基本規章（fundamental orders）宣布：依上帝的綸音，茲組織政治團體，以保障信仰新教的自由。凡事有關於政治的，唯受法律規制。他們所以有此約束，蓋清教徒在其母國反對政府干涉宗教，雖然他們自己也不寬容異教，然其所創設的國家還是以實現信教自由爲第一目標。不過他們所謂信教自由單單承認信仰他們自己宗教的自由。

對於美國個人自由思想的發達有極大的影響的，乃是他們都以爲國家及政府是由契約而組成。這個思想在新世界（指美洲新大陸），由於社會環境的關係，確爲大衆所承認。他們以極少數的人結成團體，散居於廣大的土地，並於草昧未開的原野之上，開始其文化工作。於是他們遂輕信個人無須國家權力，縱在自然狀態（Naturzustand）之下，亦得生存。要脫離自然狀態，須出於自己的意志，不是別個權力所能強制。最初人數甚寡，沒有代表的必要，凡事均於人民全體所組成的村會（town meeting）中，由團體一切構成員議決之。所謂直接民主制便自然的發生出來。因此，他們的思想乃與母國不同，而以國民主權爲立法及行政的基礎。從此而後，美國人遂以這個政治思想爲立國的精神，即如獨立宣言所說，這是自明（self-evident）之理。

羅革威廉士熱心爭得的信教自由，以之爲天賦權利，在十七世紀尚見於公文之上。最初是一六四七年羅德島州的法律，其次是一六六三年英王查理第二給予羅德島州及天佑村殖民地的特許狀。特許狀是採納移住民的請願，准許移住民於不妨害公共安寧秩序的範圍內，任誰均得發表宗教上不同的言論，不受任何控訴或處罰。凡能和平而不濫用自由以妨害別人，完全有信教自由。卽在當時，母國所激烈爭取而尚未能得到的，殖民地已經得到了。其他殖民地亦均承認信教自由，雖然範圍廣狹不盡相同。麥利蘭州本來是加特力教派的勢力範圍，一六四九年也承認各人有自由禮拜耶穌基督的自由。一六六九年北卡羅陵納州且承認猶太人有信奉猶太教的自由（註六）。

註六　此處是節譯。

其他殖民地，例如新澤稷州（New Jersey）於一六六四年，紐約州於一六六五年均發布信教自由的法律。紐約州本是荷蘭的殖民地，宗教上早就實行自由主義。一六八三年宣布：凡信奉耶穌基督的，不問誰人，不得因其意見不同，受到不利益的待遇。同年威廉賓因（William Penn）由英王賜與殖民地，乃用其父之名，名之爲賓夕法尼亞州（Pennsylvania），其根本法是以民主主義爲基礎，凡信奉上帝的，均不得強制以宗教上任何作爲，亦不得加以任何不利益的待遇。其後（一七〇一年）賓因所發布而實行至一七七六年爲止的憲法亦規定：凡政治上最有自由的國民，苟無信教自由，也不是幸福的。信教自由子子孫孫繼承不替，不受侵犯。本條文不得變更；卽憲法上所規定的信教自由原則有永久法（lex in perpetumm valitura）的效力。

馬薩諸塞州於一六九二年由英王威廉第三得到特許狀，特許狀以英國一六八八年的「信教自由法」(Toleration Act) 爲模範，謂除加特力教徒之外，其他基督教徒均有完全的信教自由。佐治亞州亦於一七三二年由英王喬治第二得到同樣的法律（註七）。

註七　由原書五四頁至五五頁，約四十餘行因不甚重要，省去不譯。

這樣，信教自由的原則，或多或少，已爲美國各州憲法所承認。此與美國民主主義所藉以發生的宗教的及政治的運動有密切的關係。美國人以爲人類的信教自由非由國家法律特許，而是人類固有的權利。信教自由比之國家乃站在較高位置，不得侵害。此種權利不是繼承英國大憲章及英國法律所承認的權利，不是繼承祖先傳下的權利。承認這個權利的不是國家，而是福音書(Evangelium)。

歐洲當時及其稍後的年代中，信教自由不過用極不重要的規章予以承認。十六世紀以後，各種精神上思想勃興，而關於信教方面，亦不過文字之爭。但是羅德島州及其他美洲殖民地在十七世紀中期，已認之爲國法上大原則，且由信教自由的權利展開了一般人權的思想。一七七六年此種權利復規定於一切權利典章之上，稱之爲人類的天賦權利。

其中新罕木什爾州的權利典章且說明這個權利的性質，以爲「自然權之中有性質上不可讓與的權利。因爲有些物件不能用別個物件代替，良心上的權利卽屬於這個種類」。

由此可知用法律確認個人有天賦的、不可讓與的、神聖不可侵犯的權利，其淵源不在於政治方面，而在於宗教方面。世人多以法國革命爲天賦人權的起源，其實天賦人權乃是宗教改革及其鬥爭的產物。最先從事宣傳的不是拉法夷脫（Marquis de Lafayette），而是羅革威廉士（Roger Williams）。他基於強烈的宗教感情，於廣大的原野之上，建立信仰自由的國家，今日美國人最尊敬而又記得其姓名的就是羅革威廉士。

(8)

十七世紀是宗教鬥爭的時代。在次一世紀，政治及經濟的利益對於歷史的演繹，成爲主要原因。殖民地的民主制度與其母國制度有很多矛盾之處。兩者利害不同，漸次引起精神上的隔離，終則經濟上利害衝突逐年增加，而爆發爲獨立革命。殖民地的經濟繁榮是希望行動自由，少受限制。苟受母國限制而無自由，則殖民地人民將感覺他們不是受母國的統治，而是受異邦的統治。於是清教徒派及獨立教派的思想便趨向於新的方面，而求得到結果。由此可知社會契約說最初對於殖民地所貢獻者只是信教自由；現在又進一步，對於現存制度給予以偉大的影響。簡單言之，不是改變制度，而是給予制度以新的基礎。

當移住民才到美國之時，是以英國臣民的資格而繼承其固有的自由及權利。英王給與殖民地的特許狀明白保障移住民及其子孫得享受他們在本國時所有的一切權利。在英國發布權利典章以前，美洲有許多殖民地已經彙集過去英國國民所有的自由權而規定之爲法律了。此種權利到了十八世紀後期却變更其性質。過去是英王所特許，或殖民地地主所承認。現在呢？自由權利不是繼承祖先傳下來的，雖然文字不變，而性質已與過去不同，權利不是出自人間，而是出自上帝及人之本性。

此種權利不但繼承過去的權利，且又加上新的權利。他們都有一種信念，卽人民有一種獨立於國家之外、深存於個人良心之中，而爲不可讓與的權利。他們有鑒於統治權的壓制，認爲壓制乃是少數人行使特權之所致。因此，除要求信敎自由之外，又要求出版自由、言論自由、結社集會的自由、遷徙自由，以及請願的權利，不受任意逮捕、拘禁、處罰、課稅的權利。最後且要求國家允許人民利用公共設備以保護個人權益，並承認個人在社會內是自由的，而又是平等的人。這許多法律上的權益均由艱苦奮鬥得來的戰利品，不是由推理演繹出來的收穫物。

每個時代，陸克、蒲芬道夫（S. v. Pufendorf）、孟德斯鳩的學說對於美國人的政治思想都有極大的影響。但列舉人權及公民權的種類並不能用此學說以說明之。

一七六四年奧提斯（James Otis）在波士頓（Boston）關於英國移住民的權利，著有一書，謂英國移住民之政治的及公民的權利，不是根據國王的特許狀，也不是發端於古老的大憲章，「也許英國國會於某一時期宣布每個特許狀之無效。但是移住民以人類的資格，以公民的資格而享受天賦的、不可讓與的權利，則與人格不可分離；無論何時，決不能毀損之。特許狀之效力如何，吾人可以不顧，而此等權利到了世界末日，還見存在」。

是書且以後來權利典章的形式，列舉立法權之絕對的限界，其中最重要的則爲當時殖民地與母國發生爭議的課稅權。凡賦稅或關稅非經國民或移住民的代表同意，不得征收。案徵收賦稅有時也許未曾抵觸國法，然必與自由的永恒法（die ewigen Gesetze der Freiheit）抵觸，故須得到移住民的代表同意（註八）。奧提斯所謂絕對的限界就是陸克所說：「上帝及人類天性對於一切國家及一切政體所定的立法權的限界」。

註八　譯者案：此處原文不易了解，最後一句爲譯者所增加，然意義還是不甚明瞭。以意測之，似謂賦稅雖經母國立法機關同意，無反於母國法律；但有的卻有害於移住民的自由權利。

奧提斯在其所著書中，對於陸克之言曾加修改，卽由客觀的法律（Recht）變爲主觀的權利（Recht）（註九）。陸克之後，繼以盧梭，均欲使人服從多數人的意思，只唯多數人的意思能夠限制國家的目的。反之，美國人則謂個人加入社會，乃附有某種條件，這個條件之於國家，則爲權利而由人民保存之。是故在國家之內，個人對於國家所有的權利，不是國家給與的。英國政府得限制這個權利，美國則宣布這個權利是天賦的，人民須盡力保護（註一〇）。

註九　譯者案：德文之 Recht 有法律及權利兩種意義，主觀的 Recht 指權利，客觀的 Recht 指法律。

註一〇　譯其大意，使讀者容易了解。

一七七二年十一月二十日波士頓（Boston）市民的集會，通過阿當斯（Samuel Adams）所起草的一種宣言，謂移住民以人類的資格、以基督教徒的資格、以公民的資格，都有某幾種權利。其中曾引用陸克之言，以為人類是依其自由意志，願意加入國家，用契約的形式，預先規定組織國家的條件及國家權力的範圍，人民對此有防護的權利。次又要求各人以人類的資格，應有自由權及所有權；以基督教徒的資格，應有信教自由；以公民的資格，應有大憲章及一六八九年權利典章所規定的權利。

一七七四年十月十四日十二殖民地在菲拉得爾非亞（Philadelphia）開聯合會議（Kangress＝Congress），發表權利宣言，謂北美洲殖民地住民有生來的、不可變更的、法律不得剝奪的權利；進而說明英國憲法精神之所在，復議決他們自己的憲法。

自是時始，至維基尼亞州發表權利宣言止，乍看之下，兩者之間似無什麼進步。其實兩個文書乃有很大的差別，菲拉得爾菲亞的宣言是抗議，維基尼亞州的宣言是法律。後者已不援用英國法律以作護符，而且宣布維基尼亞州應以現今人民及其子孫的權利為組織政府的基礎和根據。

這個宣言以及此後各州的權利宣言所主張的自由權，除人身自由、所有權自由、良心自由之外，尚加上新的自由，如集會自由、出版自由、居住遷徙自由等是，此數者均是過去受到英國政府侵害的。宣言不但保障自由權而已，又承認人民有請願權、訴訟權、依訴訟程序尤其由獨立的陪審員裁判的權利；復有其他請求權及參政權等。由此可知此等權利宣言幾乎包括全部公權。又者，宣言又規定分權制度的確立、官吏任期的限制、官吏應負的責任、世襲爵位的撤銷、常備軍及國教教會設置的禁止。此數者與個人權利均無直接關係或只有些許關係，而均許為規定。即整個宣言是以國民主權的思想為基礎，並以憲法為共同同意的契約。關於此點，很明顯的是受過去清教徒及獨立教派的教會契約(Covenant)思想的影響。此種思想影響於美國人甚大。今日美國各州要修改憲法，或由公民自己直接決定，或由特別召集的憲法會議（Constitutional Convention）決定，這是淵源於過去康涅狄格州及羅德島州移住民的民主思想。

各州憲法均分為兩部，第一部規定權利典章，第二部規定政府組織。蓋據他們之意，必先有創造國家的人民，而後才有人民所創造的國家，所以憲法須先規定創造國家的人民的權利，而後再規定人民所創造的國家的權力。

關於一般原則，各州大約相同，至於立法形式，各州之間差別頗大。此種差別隨歲月之進行，漸次減少，然尚未完全消滅。例如宗教上的自由，固然各州無不承認，但各州並非同時完全實行。又者，人類生來就有自由及平等的權利，各州也普遍承認，但當時黑人奴隸尚未完全禁止，所以在承認奴隸的州，不用「人」(man)字，而用自由人(freeman)字。

權利宣言所謂一切「住民」(inhabitants)在承認奴隸制度的州，是指一切白人。後來有許多州為了行使參政權起見，又要求其人為美國「公民」(citizen)。

以上是我們由舊的英國人民權利及新的移住民所行使的權利出發，來討論獨立於國家之外，國家必須承認的個人權利範圍如何發達。其實，美國的宣言不過將當時事實上的法律狀態，抽出一般原則，予以規定而已。

美國人不過將當時他們所已有的權利，宣言爲一切自由民之永久所有物。法國國民則將他們所沒有的，規定爲抽象的原則而謀享有之。卽美國權利宣言與法國權利宣言大不相同之點，是關於個人權利，美國先有現實制度，而後再用宣言承認之。法國沒有現實制度，而乃用抽象的言辭宣布之。德國在法蘭福爾（Frankfurt）開國民會議（Nationalversammlung）之時，亦先承認個人權利，而後進行討論國家組織，這是一種錯誤。當時德意志國家尚未建設成功，而乃對於不存在的國家，關於人民權利方面，規定何者可爲，何者不得爲，國民會議歸於失敗，是勢之當然。美國各州人民先規定權利典章，次規定政府組織，蓋其政府及其重要法律早已存在之故。

由於上面研究，我們可以知道一七八九年的主義，其實就是一七七六年的主義。

(9)

最後尙有一個問題値得吾人解答。個人之天賦權利及社會契約的學說早已萌芽於希臘的詭辯派（Sophist）。經中世的自然法學者的提倡，又由宗教改革言論的督促，逐漸發達，何以只唯英國及其殖民地才發生劃時代的影響？英國是君主國，一切制度均與王位有密切的關係，苟非根據王權，不能理解其制度。在此君主國，到了淸敎徒革命時代竟然發生共和思想，而把國家組織從根變更。其理由何在，玆試說明如次。

直接原因甚爲明顯。斯圖亞特（Stuart）王朝來自外國（蘇格蘭）而主張王權神授說，與英吉蘭的民權思想頗有衝突；同時英吉蘭與蘇格蘭的宗教糾紛亦間接助長民權思想的傳播。固然自十六世紀之末至十七世紀中葉，大陸各國亦有類似的現象，然在大陸各國，王權愈益專制，貴族的反抗愈趨於激烈，終至發生宗教戰爭。許多有識之士對於王權固然也主張國民及個人的權利，而只唯法國發生革命思想，且處國王以處刑。至於其他各國却沒有變更國家組織的企圖。總之，陸克之自然法學說除英國外，未曾發生任何效果。自然法學說之在大陸，唯於十八世紀之末，由於法國革命，引起社會的改革運動，才有影響。

英國與大陸不同，因有大海爲阻，不受羅馬法的影響。固然英國的法律思想不能謂爲與羅馬法無關，然比之大陸，影響較小，則爲事實。尤其公法大率是依日耳曼的習慣；日耳曼的法律思想在英國並不爲羅馬末季國家萬能思想所摧殘。

日耳曼國家據歷史告訴我們，與羅馬國家不同，最初極弱，其後漸次強大。日耳曼國家的權限最初不大，個人只受家族（Familie）及氏族（Sippe）的拘束，不受國家的規制。中世的政治生活與其謂爲國家的生活，不如謂爲聯合的社團（genossenschaftlichen Verbänden）的生活，即國家組織尚未臻完成之域。

到了近代之初，國家權力漸次鞏固，尤其英吉蘭在諾曼（Norman）王朝，已經發生行政上的中央集權，它的國權頗見鞏固。十六世紀之末，托馬士·斯密斯（Sir Thomas Smith）已經主張國會的權力是無限的，不久，科克（Sir Edward Coke）又謂國會的權力是絕對的且超過於一切之上的（absolute und transzendent）。

但是依英國人的見解，國家權力不過形式上法學上是不受限制而已。國家，從而國會及國王實質上受有限制，這是各時代英國國民所深信不疑的。

大憲章之中所承認的自由及權利固然明言「永久」（in perpetuum）承認，在權利典章之中也有一切「均永久爲本國法律」之語，是則形式上國家雖有全權，而在最重要的基本法之中乃加以界限，並警告勿超出這個限界之外（註一）。

註一 譯者案：因爲有「永久」二字，故可限制立法權的活動，禁止其侵害大憲章及權利典章所承認的個人自由權利。

這個限界雖然在英國沒有什麼意義，其實乃表示舊日日耳曼法律堅決主張國家活動範圍必須有所限制的思想。

宗教改革也由國權限制思想而日益激烈。中世國家一方受其構成員勢力的限制（註二），同時又受教會勢力的限制。國家關於人類精神方面，對於那種事項有管束的權力，這唯在宗教改革以後，才有意義。何以說呢？宗教發生以後，中世所確定的限界（註三），又成爲論爭的對象。近代國家唯於精神方面，認爲國家權力受到限制，不得干涉，乃是歷史發展的當然結果。

註二 譯者案：此處所謂構成員非指一般國民，是指貴族及城市的市民階級。

註三　譯者案：中世教會有管束人民信仰的全權。宗教改革承認人民有信教自由，於是中世所確定的國家只管肉體生活，教會只管精神生活，便發生了論爭。

綜上所言，可知個人對於國家佔有優勢地位的思想，在十七世紀的英國，歷史上已有基礎。自然法學說雖然滲入過去法律思想之中，但過去法律思想並未消滅；惟由於自然法學說的參入，得到了新的生機。

發生於大陸的學說也可用同一方法說明之。自從歷史學派興盛之後，學者均謂自然法學說沒有根據，只是一種推測。唯由吾人觀之，任何抽象的學說苟它只存在於現實社會之外，必不能流行於世而發生重大的影響。

觀察歷史上的事實，這對於法學上認識國家與個人的關係，最爲重要。關於國家與個人的關係有兩種意見，任何意見均可依邏輯以說明之。其一、個人一切權利範圍均由國家劃定，且由國家允許，卽個人權利均由國家給予。其二、國家除承認個人權利之外，凡一切無關於公共利益之事，均應放任個人自由爲之。卽自由不是國家給予，國家不過予以承認。

第一意見是基於國家萬能的思想，其代表可求於十六世紀及十七世紀的專制學說。第二學說頗適合於日耳曼的法律思想，而與國家權力逐漸發達的歷史相符合。我們若謂自然法爲「非歷史的法律」（unhistorischen Rechte），則對於近代國家，第一見解可以謂爲自然法的，第二見解可以謂爲歷史法的（註四）。自由範圍雖由時代的進展，發生變化，然自由有其固有限界的觀念，在日耳曼民族，縱是最專制的時代，亦深信人民有某程度的自由，國家不得侵犯這個限界。

註四　譯者案：意謂由歷史發展而發生的法律。

這個自由不是任誰所能創造，而只是國家予以承認。國家承認人民自由，卽國家自己受了限制。由這限制，國家便於個人與國家之間劃一界限，而爲統治。由此可知自由只是一種事實，而非權利（註五）。自然法的錯誤是以自由之事實的狀態視爲一種權利，而又謂此種權利是存在於國家之先，有創造國家及限制國權活動之力。

註五　譯者案：此言不易了解。蓋依原著作人之意，自由是謂「自由於國家之外」(Freiheit von Staat)，卽個人的行爲對於國家，法律上沒有任何關係。因之，國家對於個人的自由權，認爲有利害關係的，不是該自由行爲之有無，而是該自由行爲有否逾越法律的限界。沒有逾越，而國家乃加以干涉，此際個人可利用請求權，如訴願權、訴訟權之類，要求撤銷。由此可知自由權只是一種事實，卽只有消極的效果，禁止國家的不法干涉；同時又須利用請求權，而後才得實現。

在今日個人行爲的自由是由國家直接准許 (erlauben) 乎，抑由國家間接承認 (anerkennen)，似已不甚重要。但法律學的目的不單在敎育法官及行政官遇到困難問題如何裁決；而在於認識我與團體之間劃有一定限界，由此研究團體的思想，以解答問題。

本篇是節譯並意譯 Georg Jellinek 的 Die Erklärung der Menschen = und Bürgerrechte。臺大法學院圖書館有是書，且有日譯本。人權宣言依原標題，應譯爲人權及市民權（卽公民權）宣言，但一般均譯爲人權宣言。

六、論少數人的權利

(1)

關於少數人的權利，若只就權利一語言之，不可嚴格解釋爲法學上的意義；若解釋爲政治上的意義，又失之過廣。所以我們討論之時，須先限定討論的範圍。蓋要從各種方面討論這個問題，單單歷史上的資料就嫌不夠。在今日，不問選舉，不問立法機關，也不問行政、司法的合議機關，當其舉行表決，無一不以多數人的意見爲標準；而且以此爲自明之理，無須說明。但是多數決並非自明之理，一切制度均有其歷史，且有複雜的歷史。其最初起源爲何，只有依吾人推測，而缺乏資料可供證明。據許多推測，或謂解決爭論，只有依多數人的意思；或又謂多數決可視爲上帝的裁斷。案多數決固已實行於古代民主國，且已發達爲各種形式，有時尙用之以保護少數人的權利（註一）。中世國家關於多數決制度確曾漸次發達。然而兩人的意見比之一人的意見更有價值，這個思想乃與日耳曼民族的觀念矛盾。蓋一位勇士在戰場之上能夠打倒五人，何以在論爭之時必須服從多數人的意見？中世三級會議有「凡事應由賢人(pars sanior)決定，不可由多數人(pars maior)決定」，又有「投票只可權（wägen）其輕重，不可數(zählen)其多寡」之言。三級會議到了中古末葉，尙有不顧投票多寡之例。日耳曼民族最初一切決議尤其選擧，均需要滿場一致，用喝彩以代投票。縱有少數人提出異議，亦爲喝彩之聲所掩蔽。此種古代思想的殘迹，縱在今日，尙遺留於英國法律之中。英國對於訴訟，陪審員要宣告有罪或無罪，需要滿場一致；有些地方，凡遇陪審員意見不能一致之時，往往不許其退席，必須一而再，再而三，表決不已，直至滿場一致，才見罷休。國會議員的選擧，今日尙保留古代日耳曼的思想，要求滿場一致的同意。詳言之，在英國，最初衆議院議員是在郡會(Grafschaftsversammlung)選擧的，候選人人數均不超過議員員數，先由郡會議員二人推薦，對此若無異議，則視爲滿場一致通過之。後來選擧法雖已修改，而滿場一致制度尙復存在。卽先由選擧人一人推薦，次由其他一人附議，然後再經選擧人八人贊成，這個贊成不是用口頭爲之，而是用投票爲之。此際若無反對的候選人，則被推薦人卽以滿場一致的形式選出之。反之，候選人若是多數，則用投票方法，擧行競爭選擧（bestrittene Wahl)。所以純粹的多數決主義，縱在今日，英國國會選擧亦未採用。

註一　譯者案：多數決照原則說，是以過半數同意爲準。但高額的過半數，如三分之二，則這個制度可以保護$\frac{1}{3}+1$的人的權利。

多數決主義如何漸次傳播於歐洲各國，今日尙不明瞭。我想最初輸入的乃是教會，而教會則受羅馬法的影響，其後國家亦模倣其制。教會選舉教皇，先由鄰近國家的主教（Bischof）及羅馬教士團體(Clerus von Rom)推舉，而後再由人民用喝彩方法選出之。其後，基於羅馬法的觀念，修改選舉法，選舉教皇，以能得到大主教（Kardinal）三分之二的投票爲當選。選舉主教，自一二一五年以後，以能得到牧師會議（Domcapitel）過半數投票爲當選。有此先例，一三五六年神聖羅馬帝國皇帝卡爾第四（Karl Ⅳ）所發布的勅令（goldene Bulle）便規定：選舉侯（Kurfürst）選舉皇帝，以得票過半數者爲當選。此外，在中世後期，許多判例之中，亦可看到「少數服從多數」(minor pars sequator majorem) 的文句。但在德意志各邦却未曾普遍的採用多數決之制，只唯其邦是君主國而又有貴族的社會，才於有限程度之內，採用多數決。在德國，凡決議須經皇帝(Kaiser) 及三個會議團體 (alle drei Collegien)（註二）一致通過，才爲有效。各邦之有階級制度者亦然。學者之中固然有人反對如斯一致議決的方法，但反對者的設計甚見奇怪。他們欲增加皇帝的權力，或欲議案容易通過，主張帝國的權力分爲十二分，皇帝有六分，三個會議團體各有二分。皇帝若能控制一個會議團體，便可作成決議。此種數學的巧妙理論並未實行。

註二　中世歐洲各國有貴族教士及市民三個納稅階級，各派代表，分三院開會，合稱爲三級會議。只唯英國於十四世紀愛德華第三（Edward III）時代，分爲兩院開會。此處所謂三個會議團體當指三級會議之三院。

我們必須限定研究的範圍，關於少數人在選舉時有何地位，可捨而不談。因爲今日各國已經盛行討論這個問題。所謂少數代表制、比例代表制以及各國已經實行的例子，我們也不必再論。我們所要研究的少數人權利乃是前人未曾研究。凡欲詳細探討少數人在政治上有那一種地位，必須對此問題詳加討論。

玆有一個重要問題値得一提。國家由最古而至今日，對於少數人未有不給與以特別權利，使他們的議決權能夠發生較大的影響力，藉以保護少數人。國民分爲階級，如 Centurien, Tribue, Curien，使它們各自集合開會；國會分爲兩院，兩院的組織不同；以及君主的裁可權、總統的否決權，其目的無非對於單憑人頭計算多數之制，加以阻止。但此種憲法上賦與少數人特權的制度，吾人不必再加討論，吾人只要注意憲法上有此制度，就可以了。

由司法及行政的組織以保護個人及少數人的權利，也不在研究範圍之內。此而若加討論，必涉及行政法及訴訟法全部問題，甚至憲法全部亦有詳論的必要。近代三權分立的理論，其最大目的之一卽在於對多數人的壓制而保護少數人。多數人的意見變動不已，政府受到影響，人民對政府亦不信任，故乃發生地方自治制度及行政訴訟制度，這是衆所共知的。

玆只討論少數人對於立法機關的議決及人民投票有什麼權利。國會內少數人依議事規則而有的權利因與本問題有關，故本書亦唯於有關部分加以討論。總之，本書研究的目的是在說明少數人或個人要貫徹自己的主張，對於合議機關，如何給與以影響力。

案少數人的權利可以達成兩種目的，一是客觀的國家法制之保護，二是主觀的利益的保護。

然此不過理論上有所區別而已。按之實際，法制與利益乃有密切的關係，不易區別。例如修改英國貴族院的組織，或廢除英國貴族院，一方是英國法制的修改，同時又是貴族於公法上及社會上地位的變更。但本書對此問題不擬深入研究。

我們回顧過去，觀察將來，應該先行討論的，是今日給與少數人的權利已達到如何程度，這是發生於那一種思想，其將來趨勢如何。其次要討論的，則爲少數人權利問題對於將來有何影響。

(2)

現在先來討論第一問題：多數人的意思，詳細說，絕對多數人的意思在立法機關是否有不受限制的決定權，如其無之，試問在如何情況，用如何方法，加以限制？

要答覆這個問題，須回溯到憲法及法律之近代的觀念剛剛發生的時代。

在十六世紀之末，才發生一種思想：在法律之中，尚有一種比普通法律更有價值的法律。此種法律稱爲基本法（leges fundamentales）。基本（fundamentalis）一語，不是古代語，也不是中世拉丁語，在 Ducange 中，也未曾看到此語，所以我想這大約是新造的語。亞里斯多德所論 Politiae 與 Nomos 的區別，卽憲法與法律的區別，文藝復興以後，固爲人士所共知。然基本法的觀念是由宗教改革而引起國王與國民的紛爭，而後才發達起來。基本法不是國王一方所得變更。十六世紀暴君放伐論（Monarchomachen）已經說明基本法乃獨立於國王之外，國王莫如之何。十七世紀初期，勞索（Loyseau）又主張國家基本法對於法國國王——他是當時極端專制的君主——可加以限制。英國國王詹姆士第一亦承認世上有一種基本法。奧斯拉布紐克媾和條約（Osnabrücker Frieden）又將基本法觀念介紹到德國法律之中。

然則基本法是什麼？學者的著作均不敢有所說明。霍布斯（T. Hobbes）在其所著「巨靈」（Leviathan）之中，曾討論基本法與法律的區別，但他又謂遍閱各書，却未發見基本法之定義爲何。於是他自己就下以確定的意義，以爲基本法一旦廢棄，國家組織便歸破壞，而陷入無政府狀態之中。卽據霍布斯之意，基本法乃直接發生於社會契約，而社會契約則爲霍氏國家論的基礎。

霍布斯的基本法觀念在當時學界以外，有如何重大意義，霍氏未必知道，但他對於基本法的解釋，並不如他所信那樣，是一種新的創見。自十七世紀以降，發生於英國的國民運動，均與基本法及社會契約有重要的關係，而對於近代國家的發展，又有極大關係，這個事實是今人所共知的。

發生於英吉蘭及蘇格蘭的革命運動，其領導人物乃是淸敎徒及獨立敎派（Independenten）。他們歸納新敎的主義，以爲一切權力，不論敎會或國家，均屬於它們的構成員。因之，要組織宗敎團體，必須團體員訂立契約。他們基此主義，確曾訂立契約，卽締結聖約（covenants）以組織敎會，故世人稱該派爲聖約派（Covenanter）。他們不但對於宗敎團體，卽對於國家團體，亦主張須用契約以組織之。在克倫威爾(O. Cromwell)的軍隊之中，有一派叫做勒味拉(Leveller)(註一)的，在其領袖約翰尼爾朋 (John Lilburne) 指導之下，起草憲法草案，以之為英國的基本契約，欲令國會提交國民投票，使國民一一簽名於其上，而稱之為人民契約(agreement of the people)。其中規定有國民的基本權及自由，國民基本權不是國會得用多數決的方法所能變更。總之，凡事關於基本權者，多數人欲壓倒少數人，一律無效。由此前提，便發生一個結論，那就是國會不在基本法之上，在基本法之上的只有國民，國會不過依國民的意思，受到委任，而後才組織起來。該憲法未曾規定修改程序，他們均謂要修改憲法，須得國民全體一致同意。宗教的感情本來與尊重多數人的意見不能相容，一人的聖徒比之一萬人的異端尤為尊貴；一個人格的價值，由他們觀之，是無限的大。微末的事固然可以多數人的意思為標準，而關於國家組織的變更，則非得國民一致贊成不可。

註一 譯者案：這是平等主義者之意。此派不但主張參政權平等，且主張財產的分配平等。

這個革命運動在英國終歸消滅。王政復古之後，國會恢復了，繼續至斯圖亞特 (Stuart) 王朝顛覆之時，性質未曾變更。一六八八年光榮革命成功，國會才得到主權者的地位。英國國會自昔以來，各院均依單純多數以決定議案；時至今日，英國法律尚沒有一樁事件需要過半數以上的多數之同意者。陸克在其名著政府論 (Two Treatises on Government) 中，主張社會契約說，而為英國各方面的人所接受。在他以前，革命派的約翰尼爾朋，保守派的霍布斯亦有同樣主張。陸克以爲組織國家須用契約，卽須用團體契約（Vereinigungsvertrag）。此最初契約應以全員一致的同意訂立之。訂立之後，凡人達到成年，便由默認加入國家。但契約又依自然法，定下一個重要的條文，卽在將來，多數人的意思有絕對的效力。不過多數人的意思也受到一種限制，卽個人所有權（包括生命及自由）不得以多數人的意思侵害之。凡立法者欲侵害個人所有權，國民對之有抵抗的權；必要時，且得剝奪其權力，因爲它的權力是國民委任它的。但是陸克關於個人或少數人由不法的法律受到侵害，用那一種法律上的手段以自保，却無一言提及。

歐洲大陸亦於十七世紀後半期以後，有人研究基本法如何保護少數人的權利。最先是蒲芬道夫（S. v. Pufendorf）發表意見。他說：組織國家的團體契約（pactum unionis）固然需要全體一致的同意，其後依此契約而發布統治方法（forma regiminis）則可依多數決的方法定之。如果有人在訂立契約之時，提出一個條件，謂不願服從多數人的意思，則其人乃自處於國家之外，不受國家的保護。到了十八世紀，學者對此問題討論更多，烏爾夫（Chr. Wolff）堅決主張立法者不得侵犯基本法，基本法的變更須經統治者與國民一齊同意。烏爾夫門人之中有第發忒爾（E. de Vattel）者，曾詳論這個問題。他謂國民得以多數人的同意，自由變更憲法，但此多數人却沒有強制少數人接受的權利。少數人若不贊成，可自由退出國家之外，在別處另行組織新團體。此外，最重要的則爲盧梭的言論。他和陸克一樣，以爲最初契約須經全體一致的同意，嗣後多數人得依契約的規定，對於少數人，發布命令。盧梭曾謂社會之內各人均是自由的，只唯服從自己的意思；這不是和少數服從多數的主張矛盾麼？他乃用詭辯之辭解釋這個矛盾。照盧梭說，一種意見提交人民表決，目的不在於探問各人是否贊成這個意見，而在於探問這個意見是否與各人所認爲公意（volonte generale）的相一致。各人應用投票的方法，表示自己的意見，則由票數之計算，可以決定公意是什麼。這個時候，倘有人焉發見自己的意見與多數人的意見相反，這不過證明自己意見的錯誤。卽自己認爲公意的，其實不是公意（註二）。盧梭又謂表決需要若干多數人同意，乃隨事件之重要性及緊急性而不同。他固以爲保護少數人，本來沒有必要，因爲公意絕不會故意加害個人。

註二　譯者因原文太過簡單，故特增加文字如譯文。

以上所述只是學術上的議論。至其實際制度，基本法可由多數人的意思或可由全體一致的意思，加以變更，在歐洲大陸，當時尚無其制。無已，我們只有觀察美洲的制度。

但討論之時，我們不能不回述過去的事。英國革命派的理論最初乃實行於美洲英國殖民地。當英國人民移住於美洲之時，他們曾訂了殖民契約（Pflanzungsvertrage），每位移住民及其妻子須一一簽名於契約之上。此種契約之最著名者，爲一六二〇年十一月十一日「朝聖父老」（Pilgrimväter）（註三）在「五月花」（Maiblume）船中所訂的契約。而最重要的厥爲一六三八（三九）年一月十四日康涅狄格州（Connecticut）的基本規章（fundamental Orders），詳細規定該州憲法，並謂不得以多數決的方法變更之。卽他們是依勒味拉一派的意見，以爲凡事得到全體同意者，非再經全體同意，不得變更之。經過許多歲月之後，此等殖民地或由英王給與以特許狀，或由地主，例如賓夕法尼亞州（Pennsylvania），由地主威廉賓（William Penn）給與以特許狀，這是近代成文憲法的嚆矢。此等殖民地特許狀有的是依移住民自己的決議，認爲其所規定的政治制度及人民權利乃是多數決所不能變更的基本法及基本權利。

註三　此語是指坐「五月花」船而赴美洲之人。

這個思想自一七七六年以後，影響於實際方面者甚大。殖民地與其母國（英國）分離，依自己的主權，陸續制定自己的憲法。這是近代意義的最初成文憲法。此等憲法均直接視爲出於國民一致的意思，而以之爲成文的基本契約。縱在今日，美國人還以爲國家的成立須根據此種基本契約。但憲法制定之後，又發生一個問題，卽憲法可以修改麼？如得修改，須用如何程序爲之？憲法的修改需要構成員全體同意，此種陳舊的宗教的及自然法的見解，事實上萬難做到。美國人很實際，不尙空想。然而在他們制度之中，不承認個人自由權，又不可能。因此，修改憲法，就想出一種極複雜的方法。時至今日，美國修改憲法，其困難乃在一切國家之上。歐洲憲法不乏柔性憲法，美國憲法則爲剛性憲法。其所以鄭重規定修改憲法的程序，乃有各種目的：一則不欲憲法時時變更，遂於一定期間之內禁止修改憲法。二則希望國民作最後的決定，故詳細規定國民的決定方法。這個程序大半是要保護國會內少數人的權利，卽給與少數人對於憲法修改有提出異議的權利。在各州，修改憲法雖要提交人民複決，但人民複決之時，又不以單純多數的意見爲標準。

例如十七世紀中期，最初殖民地之一羅德島州(Rhode Island)依殖民契約而設立，今日修改憲法還要得到國民總投票五分之三，才爲有效，卽極少數的人有否決權。國民投票姑且不談，各州修改憲法縱由議會決定，而大多數的州乃需要過半數以上的贊成票；或則議會兩院各以三分之二或五分之三的多數通過之；或則一院須有三分二多數的贊成，另一院只要單純多數的贊成；或則兩期議會繼續通過兩次，第一次只要單純多數，第二次需要三分二的多數；其最甚的，如德拉瓦州(Delaware)，第一次議決需要三分之二，第二次議決需要四分之三。其沒有如斯規定的州，也爲了檢查最初的多數是否眞正多數，乃於次期的議會又表決一次，仍以單純多數的同意爲標準。

不但各州，卽美國聯邦也採用保護少數人權利的制度。美國要修改憲法，先由國會兩院各以該院三分二之多數議決之，國會通過之後，又須得到各州議會四分之三以上之同意。卽國會兩院可由少數人，各州可由更少數的人阻止憲法之修改。此種少數人權利的保護遂使美國憲法成爲世界上最剛性的憲法。但是同時却發生奇妙的現象，卽形式上憲法雖未修改，而由於實際必要，由習慣變更憲法者並不少。是則憲法文句縱令規定不得變更，而吾人亦不可由此而卽斷定該憲法之爲剛性。

保護少數人的美國思想，不久之後，在歐洲，就和自然法的見解結合，凡承認少數人權利的憲法可由少數人的反對，而阻止其變更。此中沿革甚有趣味，本書不能一一詳述。要之，多數國家均接受這個思想，而規定於憲法之上。其不受影響的只有英國及匈牙利(註四)。法國憲法由

「制定憲法的權力」(pouvoir constituant)(註五)的觀念出發，制定憲法，不需要較大的多數同意。質言之，修改憲法要特別選舉一個「修憲議會」(Revisionskammer)。修憲會議視爲受到國民的特別委任，但其決議只以過半數的同意爲之。今日拉丁國家例如意大利及西班牙於其憲法之上均不規定修改程序。又如法國及葡萄牙(註六)雖然規定修改程序，但憲法對於少數人或不予保護，或只給予以些許保護。法國在革命時期及第二共和期間的過渡憲法曾模倣美國，規定鄭重的修改程序。一八一四年路易十八的欽定憲法及一八三〇年路易腓立的改正憲法，均不規定修改程序。第三共和憲法雖曾規定修改程序，卽國會兩院各先以單純多數議決修正案，次再提出於國會兩院聯席會議，亦以單純多數議決之，此際應有議員總數過半數之同意。所以贊成修改的多數人若均出席，必可壓倒少數人的反對。法國所以有此規定，蓋有鑒於革命以後，憲法變更不已，知道憲法的修改雖極困難，亦無用處。當然尊重少數人的意見，在拉丁民族尤其是法國人民並不予以考慮。古代羅馬的國家萬能思想對於拉丁民族，影響極大。所以法國不像美國那樣，將尊重個人權利，少數人權利規定於憲法之上。反而由國家主義的作用，少數人縱欲反抗，亦必受多數人抑制，而至徒勞無功。

註四　譯者案：英國固不必說，過去匈牙利的憲法也是不成文的。

註五　譯者案：法國革命時代，阿伯耶士(Abbe Sieyes)分國家權力爲兩種，一是制定憲法的權力(pouvoir constituant)，二是憲法所設置的權力(pouvoir constitue)。制定憲法的權力就是學者所謂憲法制定權(verfassunggebende Gewalt)，而必屬於國民。憲法所設置的權力就是立法行政司法各權，可由國民委任於議會及其他機關。兩種權力的位階不同，前者不受任何拘束，而得自由決定國家的根本組織，所以可視爲主權。至於立法行政司法三權只可視爲主權的作用(Funktion)，卽不是權力(Gewalt)，而是權限(Zuständigkeit)。

註六　譯者案：意大利、西班牙、法國、葡萄牙的憲法均指第一次大戰以前的憲法。

然在其他各國，其憲法多採納保護少數人的思想。在瑞士，修改憲法不但要得瑞士國民過半數的同意，且要得到各邦多數的同意，而所謂各邦多數往往只能代表少數的國民(註七)。德國在帝政時代，聯邦參議院(Bundesrat)若有十四票反對，憲法就不得修改。各邦修改該邦憲法，程序亦甚困難，只唯普魯士可以視爲例外，單單需要兩院各以單純多數通過之，卽可。

註七　譯者案：瑞士各邦人口不同，差距甚大，所以各邦多數未必就是國民多數。

於是又發生第二問題，所謂憲法應有那一種內容？爲保護少數人起見，何者屬於基本法，何者不屬於基本法。若令霍布斯生在今日，我想，他對此問題亦不能給人以滿意的解答。許多國家憲法固然規定國家的組織及國家權力的大綱，但有些國家又常將屬於普通法律甚至行政命令所得規定的事項載於憲法之中。因此，德國小邦例如鄂爾敦堡(Oldenburg)及布奧玆魏希(Braunschweig)的憲法條文比之大邦普魯士憲法却多二倍以上(註八)。憲法與普通法律之間，條文有何限界，最不規則的莫如帝政時代的奧大利。關於帝國國會(Reichsrat)的選舉，規定於普通法律，關於邦議會（Landtag）的選舉，却規定於聯邦憲法之上。又如瑞士，其憲法常規定微末的事。第二十五條之b竟然規定屠宰牲畜，應先行痲醉，即其一例。是則現今國家之有憲法法典者，所謂憲法只指形式意義的憲法。換言之，所謂憲法是指形式上指定爲憲法者，至於內容如何，可以不問。

註八 譯者案：是指第一次大戰以前的憲法。本書著於第一次大戰以前，其所舉之例雖然是明日黃花，然亦可供吾人參考。

憲法所應規定的事項沒有一定範圍，惟以形式爲標準，以與普通法律區別，由是在美國便發生了奇妙的現象。美國各州現行憲法與其原始憲法比較一下，在分量上大大增加，一八七七年美國參議院通過議案，命令纂編北美洲憲法全集，維基尼亞州（Virginia）憲法一七七六年不過四頁，一八七〇年增加爲二十一頁。得克撒斯州（Texas）第一次憲法（一八四五年）爲十六頁，一八七六年憲法增加爲三十二頁。何以如斯增加，蓋事項本來可用普通法律規定，漸次不用法律規定，而用憲法規定。例如禁止獎劵的販賣，鐵道公司的特許等是。

此蓋有種種原因，其一因爲法官的地位特殊，美國不但聯邦，就是各州，法官亦得宣告法律違憲之無效，法官且常利用此權，故爲避免法律受到法官的攻擊，只有將法律之得規定者規定於憲法之中。其二國民對於重要問題均欲自己握有最後決定權，蓋美國人民不甚信任議會，各州尤甚，爲防止議會隨便制定法律，有的竟然廢除議會每年開會之制，而令其隔年開會；有的限制一年會期的最長日期，使議會無法制定較多的法律，並使議會不能任意延長會期以取得議員每日的出席費。當然最重要的原因還是考慮議會內少數人的權利。凡事規定於憲法之中，憲法又是剛性憲法，如是，多數人就不能利用多數以壓迫少數人。案多數人唯於一定範圍之內有自由的決定權，這是受了過去宗教的及自然法的思想的影響，又復適合於日耳曼民族的個人主義。總之，在民主國之中，美國是最反對多數決主義的。美國不但聯邦，即其各邦，議會也採用兩院制。其參議院議員的被選舉權，年齡較大，居住期間較長，因此，參議員的被選舉人比之衆議員的被選舉人人數較少（註九）。加以聯邦的總統、各州的州長，對於議會的決議，均有停止的否決權（suspensives Veto）。凡議會通過的法案，總統或州長得退回議會覆議，覆議時，議會兩院非各以出席議員三分之二維持原案，該法案就不能成立爲法律。在少數的邦，縱是普通法律，亦需要議員總數過半數的同意。此乃對於多數人的專恣，欲令少數人有自衞的權。少數人的自衞，除上舉聯邦及各州之外，即在各市亦然。美國的市議會亦採兩院制，市長對於市議會通過的法案，也有否決權。此種方法果能達到保護少數人的目的麼？美國的民主制度能夠永久遵守這個原則，對於多數決主義加以限制麼？玆不想多作討論。蓋依民主政治的自然發展，單純多數必成爲唯一決定力。

註九 譯者案：議會兩院職權平等，任何議案均須得到兩院通過。參議院議員人數少，能用少數人牽制衆議院，使議案不能通過於議會。

依上所述，可知在大多數的國家，關於重要決議，即關於變更憲法的決議，均需要單純多數以上的投票數，用此使少數人有制止修改憲法之力。但是單單用此制度，仍不能得到滿意的結果。何以故呢？給予少數人以自衞權也和議會其他工作一樣，不能確定，常件以偶然的因素。我們以為一切確定不動的主義絕不能存在於兩個理由之下。憲法的觀念沒有一定範圍，此一理由也。所謂少數人到底是投票權者幾分之一，而少數人又應是那一種人，若只依外形上的標準以決定之，則決議本身不免有偶然的性質，此另一理由也。

我們現在試由現實法（de lege lata）轉而討論將來立法（de lege ferenda）。關此問題，是否有實際之例或只是一種理論，吾人有研究之必要。

(3)

在討論這個問題之時，我們第一應研究所謂少數人是否存在；次宜研究此種少數人如果存在，其所要求的權利是那一種權利。第一問題為十九世紀政治學者所常常討論的。其中最重要的學者為美國人 J. C. Calhoun，英國人 Th. Hare, J. St. Mill, H. Spencer, H. S. Maine。法國人 B. Constant, F. P. Guizot, A. de Tocqueville, G. W. Laboylaye, Dupont-White 等。他們均主張多數人的意思應加以限制，純粹的多數統治（Majoritätsherrschaft）完全是壓制的、專恣的。因此，他們就謂多數決主義應以不侵害少數人權利為限界，即多數人的意思不得侵害個人權利。多數人若超出這個限界，每個人，從而少數人有反抗的權利。但是保護少數人權利所用的手段不外縮小議會及政府的權力，如司法獨立、行政訴訟制度、地方分權、地方自治、少數代表制，這是世人所熟知的。至於在如何情況，怎樣對於立法權的壓制而保護少數人，則學者多未討論。憲法修改程序雖然困難，亦不能用以保護極少的少數人或一人。只唯美國不同，凡法律違憲的，對於一個人，也給予以強有力的保護。縱在美國各州，法律雖經議會以多數決通過，苟其有反於該州憲法或聯邦憲法，法官可對訴訟案件，拒絕適用該項法律，使該項法律等於無效。據過去美國勞動局（Arbeitsamt）報告：數年之間，有許多州關於星期天休假的法律，常爲法院宣告無效。最有趣的，理髮店星期天休假，法院竟然判決云，各人依憲法規定，有過其幸福生活的權利，星期天休假乃出於宗教觀念，任誰都不得被迫爲宗教上的行爲，故凡制定特別法，對於國民中某一階級，限制其自由，均爲無效。現在有人欲在星期天理髮，這是一種人權，立法機關不得限制之。美國的社會政策又常在別的方面，不能不與法官抗戰。勞動時間的限制，除非規定於憲法之中，法官常常判決其無效（註一）。

註一　譯者案：這都是過去的事，譯出不過供讀者參考。

如斯司法判決每因憲法條文的字句不甚明瞭，而致流於獨斷，法官判決的效力竟在立法部意思之上，其結果也，有些事項竟然不能依立法程序，使其逐步發展，而乃受到不負政治責任的法官的阻礙。然而法官並不能不偏不黨，獨立思考，而常爲某種政治意見所左右。

用正確的理由以承認少數人的權利，須有一種前提：即國民形成爲一個統一體。自然法的民主思想均謂每一個人均有同一的價值。在同一價值的個人之間，除依數之多寡以決定問題之外，實無其他適當的方法。

國民所作的決議，以及議會制度，不，起碼一院所作的決議，均以各人均有同一價值的思想爲根據。議會議員視爲全體國民的代表，所以代表之中絕無價值高低之別。此種思想與各種政黨的存在毫不衝突。依人之天性，其判斷政治問題，常以自己環境爲標準，而環境又隨人而異，所以政見不同乃是必然的現象。吾人觀全世界的現象，就可知道對於政治問題欲下以公平判斷，絕不可能。但政黨由其性質觀之，乃不斷的變動，而非永久保持同一的形態。今天保守黨的人明天可變成自由黨，今天自由黨的人明天可變爲急進黨。即今天少數黨明天可變爲多數黨。是故一國之內，國民只有政治上正反的意見，則多數決主義可以行之而無憾。在如斯國家，爲維持國家秩序，而使多數人不會濫用其多數的力量，可依各國情況，講求保護少數人的方法。此時少數人的權利只有自己努力，使後來成爲多數黨。一切新的政黨最初均由少數人組織，少數人用言論，用煽動，用批評，鼓勵輿論，由輿論的擁護，使自己成爲多數黨。由此可知多數黨必不會永久成爲多數黨，何以故呢？多數黨沒有永久壓制少數黨的方法。

但是以上所言乃以國民在政治上保持統一爲前提。統一的國民才可以發生政黨的變動，即少數黨可變成多數黨，多數黨可變成少數黨。要是國民不能統一，單以頭數爲標準，實行多數決，這是不合理的事。今可取例於民主的聯邦共和國，在聯邦國，各邦之間常互相反對，故決定一種事件，除多數國民同意之外，尙需要多數的邦同意。要之，國民不能統一，則個人依其所屬民族人數的多寡，每人的價值必不相同，此時要實行多數決主義，勢必有所不能。

國民不統一，第一就是宗教之不同。宗教問題苟帶有政治性質，此時若用多數決之法，必會引起反抗。吾人以為關於宗教，多數決不是正當的方法，而只可視為暴力。德國於三十年戰爭之後，對於宗教，就排斥多數決主義。帝國議會（Reichstag）遇到宗教問題，不用討論方法而由兩個教派的協商（amicabilis compositio）解決之。縱令不關宗教之事，倘兩派之一認為屬於協商事項，帝國議會亦分為舊教徒（Corpus Catholicorum）及新教徒（Corpus Evangelicorum）兩個團體，一切決議均以兩個團體之同意為之。所以新教徒人數雖少，然議決的價值乃與舊教徒相等。

國民不統一又可發生於民族之不同。黨派因民族不同而發生的，決不可合組為一個機關。蓋民族黨與普通政黨不同，缺乏變動性。今日日耳曼人明日不會加入斯拉夫黨，若其有之，亦必受到輕蔑。民族的黨派和宗教的黨派一樣，有確定的分界。立法機關之內，倘若議員有顯明的民族對立，則關於民族事項而乃採用多數決，這簡直是一種暴政。多數決主義是依自然法的見解，以一切人類絕對平等為前提。絕對平等可以適用之處，不能適用於絕對不平等的地方。

一個國家若有許多民族雜居，依大多數之例，大約只於司法及行政方面，講求保護少數人的方法；至於立法機關之內，民族的差別多不之顧。例如瑞士及比利時雖有各種民族，然其國會只有政治黨，而無民族黨。反之，舊奧大利帝國則不然了。國內民族的複雜乃駕在歐美兩洲任何文明國之上，其情形又與別國不同。奧國固曾保護各民族的權利，尤其准許各民族在官署及學校，使用它們自己的語言，然而紛爭並不停止。此外尚有人提議：凡民族雜居之邦（Land），可以民族爲標準，劃分行政區域（Bezirke oder Kreise）；在邦議會（Landtag），則依民族的種類，分爲數部開會。然而此種方法縱能實行，問題尙未解決。蓋在中央議會（Reichsrat）如何保護少數民族的權利，乃是最重大的問題。倘若有關民族的重要問題均由邦議會決定，勢只有顚覆國家的基礎，而使國家四分五裂。何況各民族要主張自己的利益，與其討論於邦議會，不如討論於中央議會，尤有效力。然在中央議會討論，少數民族的意見又不能得到多數人同意。因此，在奧國，欲使中央議會（派有代表的民族共有八種）議事的進行不至受到阻礙，如何給予各民族以特別權利，便成爲極困難的問題。關於此點，歷史上恩怨關係似比政治上任何方策，都有影響。奧國的民族問題乃是少數派的日耳曼民族與其所聯合的與黨，而和多數派的斯拉夫民族與其所聯合的與黨，二者互相對立而不相讓（註二）。如是，一切問題遂與立法政策無關。在奧國，中央議會之內分裂爲日耳曼黨（Corpus Germanorum）及斯拉夫黨（Corpus Slavorum），而此兩黨在法律上却沒有平等的權利。最近數年以來的紛爭無非因爲日耳曼黨要推翻斯拉夫黨恃其多數而恣行的專制。在此情況之下，欲變更地方制度或設置中央議會以外的制度，用以防止中央議會的糾紛，實在不易。所以要使中央議會工作納上正常軌道，唯一方法只有於中央議會之內給與日耳曼黨以一種多數決所不能剝奪的權利。少數人而有多數決不能制止的權利，今日各國已有實行之者。帝政時代的德國就有其例。德國的參議院，各邦的投票權乃規定於憲法之上，例如拜厄倫（Bayern）六票，符騰堡

(Württemberg) 四票，此非得到各該邦同意，不得變更（註三）。用如斯方法以解決奧國國會的糾紛，能否成功，似難預測，然而除此之外，却沒有其他更好的方法。

註二　譯者案：此乃奧國帝政時代的情形。

註三　譯者案：此乃第一次大戰以前德國制度。共和時代已經變更，但最大的邦普魯士，依一九二五年戶口調查，人口有三千八百多萬，只有二十七投票權，最小的邦 Schaumberg-Lippe 人口僅四萬八千餘人，亦有一投票權。

現在再來研究多數黨所不能制止的少數人權利應屬於那一種權利。討論這個問題的有兩位著名的人，一是美國政治家卡爾渾 (J. C. Calhoun)，二是英國歷史學者緬因 (H. S. Maine)。卡爾渾在其所著 A Disquisition on Government，甚有創見。是書本來是爲維護小邦的權利，主張小邦對於國會制定的法律有否認權 (Recht der Nullification)，他謂多數決主義乃以個人均有平等價值爲立論的根據。但多數人的決定有時不免專制，故不如代以協議之法。國民之中苟有異民族的獨立分子，則凡決議有害他們獨立者，他們不能不有反抗的權利，多數決不過權力之一形相。在立憲國，一切妥善的決議均不由多數決，而由於協調，即先用商談，而後舉行表決，這樣，決議才有普遍拘束力。此種改革方案如何能夠實行於民主國，卡爾渾未曾詳細說明，其言完全是抽象的理論。反之，緬因在其所著 Popular Government 中，則謂今日英國，許多重要問題均非決定於國會之內，而是決定於秘密委員會（註四）。這可以說是一黨專制。對此專制，少數人只有一種反抗方法，即採用妨害（Obstruction）（註五）之法，使議會議事無法進行。

註四　譯者案：這是指內閣中政黨少數領袖的秘密會議。

註五　利用議事細則所規定的議員權利，如作冗長的發言，要求採用記名投票表決，提出緊急動議，使議事日程因之變更。

由少數人的妨害而致國會議事無法進行或竟中途停止，英國議員老早就已知道了。其最有名的則爲一七七一年三月十二日衆議院討論國會議事錄出版罰則之時，少數派僅有二十三人，而竟令該項法律無法通過（註六）。到了一八八一年有鑒於愛爾蘭黨不斷妨害議事的進行，乃採用「討論結束」（Closure）之制（註七）。

註六　其領導者爲 Edmund Burke，前後要求特別表決有二十二次之多，遂令是項罰則無法通過。

註七　討論議案超過一定期間，即宣告結束。

妨害有兩種方法：一是應用那適合於法律及議事規則的手段，二是應用那違反法律及議事規則的手段。第二種方法縱令出於不得已的必要，政治上可以寬恕，然亦不能謂爲合法的反抗手段。反之，第一種方法與第二種不同，少數人利用法律及議事規則的漏洞，濫用其權利，使多數人正當行使議決權受到妨害，而致立法工作不能進行，這在法律上雖不可寬容，而却不能加以責難（註八）。蓋一切法規規定國家最高機關的權限，常有兩重性質：第一性質是規定權利及義務，而此權利及義務均出於保護國家的利益，一方給予該機關以權力手段（Machtmittel），同時此權力手段又會用以達成該機關本身的利益。第二性質乃是政治上的性質，而非法律上的性質。凡法律學者之只注意法律形式的，多不予承認，但政治學者應關顧國家全局，而不能棄之不顧。法律學者常謂國家機關應遵守義務而為公共利益服務，這是法律學者論事的邏輯。但利益若為國家機關的特殊利益而非國家的公益，法律學者亦不能單用法學的眼光，衡量其是非；只要其行為不違反特殊法規，均不得輕加責難。案之實際情況，各種機關無不爭欲擴大其權力，這與法學上所謂各守畛域而不相犯的理想是衝突的。政府關於官吏的任命權、行政上的自由裁決及特許等權，此皆給予政府以政治上的權力手段，只要政府不違反法律規定，均得利用。同樣，國會的權利，尤其預算議決權，對於政府也是權力手段。在一切立憲國，政府與國會的關係，不但是權利對權利的關係，且又是權力對權力的關係。在同一政府機關之內，長官與其屬僚的關係，也是一樣。屬僚亦不失為一個權力，長官雖有最高命令權，並不得輕視這個權力。

註八　第一種妨害，學者稱之為技術的議事妨害（technische Obstruktion），其方法見本節之「註五」。第二種妨害，學者稱之為物質的議事妨害（physische Obstruktion），如少數派怒號咆吼，擾亂秩序之類。此在民主政治初期，固有其事，今日均為法律所禁止。

國會內少數派與多數派的關係有似於此。議事規則所規定的權利，同時又成為權力手段。依普通情形說，國會內各黨派勢力的消長常不斷的變動，因此，這個權力手段沒有應用的機會。何以故呢？某個政黨一時雖是少數黨，然有成為多數黨的希望。此種希望常令少數黨忍受暫時的壓制。至於少數黨永久爲少數黨的國家則不然了。此時多數黨若不自行抑制，凡少數黨提出正當要求，而乃不予考慮，則多數黨不得要求少數黨遵守議事規則。在此情況之下，少數黨利用其權利以作權力手段，似乎不可厚非。換言之，少數黨變權利爲權力，利用之以對付異黨，形式上若不違犯特別法規，實無不可之理。

但是如斯議事妨害只能暫時應用，而不能永久採取。因爲多數黨可用議決權，修改議事規則，上舉英國之討論結束之制卽其明證。少數人所得採用的權力手段，從來學者未曾說明的，則爲缺席或退席。缺席之能奏效，蓋少數人缺席，可使議會開會不足法定人數，尤其是修改憲法常需要大多數出席之人，所以少數人缺席可令出席的多數人不能議決憲法修正案。縱令缺席不影響法定人數而妨害其議決，但人民看到如斯人數竟然進行議決，實有害決議之尊嚴。因之，缺席法律上縱不發生效果，政治上却可給人以不良的觀感。

以上所述少數人的權利及權力手段均屬於消極方面，然則除此之外，可以不可以給與少數人以積極的權利麼？吾人以爲這是絕對不可以的。一個議院之內少數人的投票比之多數人的投票，更有價值，這簡直是悖理之至。少數人利用議事妨害之法，不過爲保護自己既得的權利或保護有利於自己的制度。總之，不問在那一種狀況，否決權確是少數人最強的武器，然此武器只能發生消極的效果，絕不能發生積極的作用，卽只能消極的維持現狀，不能積極的改變現狀。在君主國，縱令君主的意見是國家的最高意志，君主且握有最後決定權，而對於國會多數人的決議，亦力，即君主不能自己創造意思，而只能阻止國會意思發生效力。一切權利均含有權力，所以否決權只得用之以使多數人讓步。

少數人的權利或發生於議決憲法修改之時，此時完全計算頭數以決定問題。其發生於宗教或民族之不同者，他們常爲自己特有的利益而結合爲黨派。此時少數人可分爲有組織及無組織兩種，其詳細情形是由各國現實狀況決定之。究竟少數人之有否決權，其少數到底少到如何程度；少數人應有如何組織；在那一種情況，以那一種條件，行使權利，這只能依個別事件，各別決定之。但是決定之時，必須顧慮全體利益，勿令少數人濫用否決權，阻礙國家的正常發達。蓋一切實際政策最困難的，乃在於予人以權利，同時不能不防人濫用權利。

(4)

我想少數人的權利在將來必比現在更爲嚴重。這不是單單立法機關的問題。近代社會步步進入民主之域，民主思想的發達是可賀麼，抑是可怖，現在姑且不論，然此趨勢必非世界上任何力量所能阻止。世界各國或急速的，或徐徐的向這方面前進。但近代社會尚有一種趨勢，個人在社會上應互相負責，由這思想出發，國家遂用強制力擔保社會團結的鞏固。個人應爲社會而犧牲其獨立。此時若再爲個人權利，不許國家干涉，實是時代落伍。

社會愈趨向於民主，多數決的勢力愈大，國家壓迫個人亦愈甚，這個時候，希望統治意志

(herrschende Wille) 對於個人能夠自己節制，更是事之至難。

其結果也，文明世界乃發生一種危險的事，忽視個人權利，毫不憐惜。輕蔑崇高，厭棄誠實，是非顚倒，莫甚於民主社會的多數人。此種言論非出於反對社會進步的人之中，乃是近代政界指導者共同承認，並加以證明的。今日如果有人還謂社會上多數人能夠認識善與眞，無異於痴人說夢。我們對於個人尙難發見人性的善良，何況社會上羣衆的多數人。一切進步思想縱令後來可以驚動世界，最初必遭統治力的反對。先知先覺之士只有冒險抗鬥，開拓新路。統治力的反對在民主社會，比之其他社會尤有力量。輿論的勢力比之多數決的勢力，更可令人慴伏。輿論除政治力之外，又形成爲社會力，無限的、不可抗的，控制了全國人民的思想。托克維爾 (Alexis de Tocqueville) 是民主思想的先鋒，他早就說過，在民主國，輿論可以壓倒一切反對的意見。反抗輿論比之反抗君主的命令，尤需要極大的勇氣。吾人觀民主國最近的歷史，卽知其言之不僞。余雖不若那有名的自由主義者（註）那樣悲觀，以爲民主主義得到完全勝利之時，卽輿論得到無限的勢力之時，一切進步必爲愚蠢的輿論所阻止，而致政治不能進步。但愚蠢的輿論可以阻礙個人及少數人的自由發展，則不容疑。尤其歷史上一切進步最初均由少數人提倡，如是，輿論壓力的危險，更不堪言。倘若強制個人聽受團體的命令，社會進步必至停止。一切社會事業的創造均由於個人的自由活動。不問社會強制是採取那一種形式，它只能維持秩序，絕不能創始新的事業。

註　譯者案：據原書四二頁之「註五四」是指 J. St. Mill。

依上說明，可知將來問題之所在。權力與自由必不斷的鬥爭，縱在將來，也必鬥爭不已。鬥爭的結果，也許可以破壞那遮止多數決之無理取鬧，也許可以破壞那反抗多數人過分壓制的堤防（武按堤防當指少數人的權利）。堤防一經破壞，文明社會的人類將發生一個大恐慌，即人類決定問題，不依知識（Wissen），而依信仰（Glauben）。我仍希望而又深信社會為避免精神上、道德上的腐化、頹唐，必能：

承認少數人的權利！

是篇是節譯並意譯 G. Jellinck 的 Das Recht des Minoritaten，維也納出版。德奧兩國於第二次大戰時，受到劇烈轟炸，此書已經絕版。一九五三年美國 Nebraska 州最高法院院長 Robert G. Simons 來臺之時，知余需要此書，回美後，即委託耶魯大學影印寄下。影印本紙張甚厚，不易裝訂成書，若轉贈臺大法學院圖書館，又恐遺失，故由余珍藏。

七、政黨的發展

國家對於政黨採取如何態度，依歷史所示，可以分做四個階段：最初是敵視政黨（Stadium der Bekämpfung），其次是放任政黨（Stadium der Ignorierung），更次是法律承認政黨（die Periode der Anerkennung und Legalisierung），最後是憲法融合政黨與國家爲一體（die Ara der Verfassungsmässigen Inkorporation）。但最後階段是否能夠存在，其性質如何，現在尙屬疑問。

四個階級乃漸次於短期間之內發達而成，最長不會超過一世紀又半。蓋今日意義的政黨在世界上，其發生多在一百五十年之內。固然同一意見的人集合起來，以反抗意見相反之人，謀自己主張的實行，早已存在於任何時代及任何國家。但像今日那樣的政黨，卽爲了取得政權而組織爲鬥爭團體，乃是近代代議政治的產物。今日政黨是以議會爲鬥爭的舞臺，以選舉權爲鬥爭的武器，這是過去所沒有的。現代政黨在英國萌芽於光榮革命時代；在美國萌芽於制憲之時；在歐洲大陸各國萌芽於法國革命，討論憲法之時（註一）。

註一　譯者案：英國在淸教徒革命（一六四二年）時代，已有圓頭黨（Roundhead，革命黨）與騎士黨

(Cavalier，保王黨）的對立。光榮革命時代，有民權黨（Whig，即自由黨之前身）與王黨（Tory，即保守黨的前身）的對立。美國於一七八七年召集制憲會議（Convention），有聯邦主義者（Federalist，主張美國是一個聯邦國）及反聯邦主義者（Antifederalist，主張美國還是邦聯）的對立。法國革命，討論憲法之時，有吉倫特黨（Girondists，溫和派）與雅各賓黨（Jacobins，過激派）的對立。此數者不過政黨的萌芽。本篇短文出版於一九二八年，即出版於希特拉尚未秉權之時。

代議政治與政黨有密切的關係，然最初出現於政治史之上，歐洲大陸各國尤其是德國竟然各方人士無不反對政黨，這實在令人感覺奇異。在今日，吾人雖然知道政黨是以代議制度爲前提，也可以說政黨乃是代議制度之必然的結果。但政黨的組織及其控制只是代議制度的特殊形態，並不是必然發生的形態。在選舉，縱令沒有政黨，亦能舉行而無阻。吾人觀德意志南方各邦實行憲政之初，政黨剛剛萌芽。一八四八年的國民會議（Nationalversammlung），每個選舉區的人民選舉代表，非因其人由於政黨推薦，乃因其人能夠得到人民信任。在此時期，政府採用代議制度，本來有其不得已的苦衷，所以政府反對政黨，極力加以壓迫，可以說是勢之必然。十九世紀中葉，德意志聯邦政府反對政黨，不遺餘力；加上各邦對於政黨又施行聯合禁令(Verbindungsverbote)，便阻止了政黨勢力的擴張。當時官僚政治深受警察國思想的影響，以爲政黨會干涉官憲的活動，所以禁壓未曾受到輿論攻擊，議會之中也無人提出抗議。一八三四年卡根（Heinrich v. Gagern）在赫森（Hessen，德國之一邦）議會，指斥政府爲政黨的代表，政府當局認爲侮辱，要求懲戒，經過許多磋商，幸而獲免。這由今人觀之，可以說是一種怪事。當時德國人民均謂政黨有害於國家的安全，道德上不可寬容；就是民主主義者也受了古典的民主思想的影響，引用盧梭之言：政黨常於部分人民與全體國民之間，劃一鴻溝，僞造公意（註二），這是我們民衆所不能忍受的。

註二　譯者案：盧梭在民約論中，以爲要作成公意，不宜組織政黨及其他社團。個人在社會應各自孤立，否則個人的判斷必將誤認各該團體的利益爲全民的福利。

這個時期的人民及政治家多不是民主主義者，而是自由主義者（註三）。依市民的自由主義的思想——固然這個思想是創造近代憲法並指示其將來發展的趨勢——完全否認政黨，至少亦因議會作成國家意思之時，政黨可給與以影響力，而反對政黨。

註三　譯者案：自由與民主不盡相同。自由是謂「個人自由於國家的統治之外」。民主是謂「個人參加國家統治權之行使」。前者是離開國家之外，後者是進入國家之內。

依國民代表制度的思想，議員不是選舉人或選舉區的代表，而是國民全體的代表。這個思想英國於十八世紀已予承認。法國於一七八九年七月國民會議（Nationalversammlung）開會之時，受到西雅士（Sieyes）孟利爾（Mounier）塔尼蘭（Talleyrand）的影響，亦有同一主張。西雅士說：「議員雖由選舉區人民選舉，但他們乃是國民全體的代表。換言之，被代表的不是選舉區的市民，而是全國一切市民」。所以議員不受選舉區訓令的拘束，他們出席議會，絕非命令的委任(imperatives Mandat)（註四）。他們可依自己良心所命，而發表自己的意見。最好是議員互相討論之後，再來決定各自的意見。自由討論可以產生共同意見。西雅士以爲反駁與衝突可將意見分別爲有益的與有害的。有的意見下沉，有的意見上浮，最後一切意見便融和爲統一的意見。斯密特(Carl Schmitt)謂此種見解乃是現代議會制度的基本觀念。其實，這是自由主義的思想，我們於柏克(Burke)邊沁(Bentham)及小彌爾(J. S. Mill)的著作中，均可看到。近代憲法常規定有此類條文，例如「當選人不是各選舉區的代表，而是國民全體的代表」，「議員唯依良心所命而作投票，不受任何委任或訓令的拘束」。德國各邦憲法均有此種條文，其目的蓋欲限制政黨的活動，且不許政黨控制其黨員。

註四　譯者案：代表可分兩種，一是「命令的委任」(imperatives Mandat)，二是「自由的委任」(freies Mandat)。在前者，原選舉人得以訓令的形式，將其所希冀的事，委任於其所選出的代議士，令其於會議內提出之。受命的代議士在會議內所作的言論及表決應遵從原選舉人的訓令；否則原選舉人得罷免之。閉會之後，又須將開會時一切情況報告於原選舉人。封建時代三級會議卽採斯制。在後者，原選舉人對於代議士不能給予訓令。代議士在會議內所爲之言論及表決，一依自己判斷，不受原選舉人的拘束。縱令代議士違反原選舉人的意旨，原選舉人也不得罷免之。閉會之後，代議士對於原選舉人沒有報告任何情況的義務。現代議會卽採此制。

十六世紀之末，卽一五八二年英國 Thomas Smith 已經有了國會代表整個國民的思想。至於確實說出代議士之爲「自由的委任」者則在十八世紀以後。一七四五年 Walter Yonge 在衆議院內暢言：代議士爲國民全體的代表，不受選舉區訓令的拘束。隨着一七六五年 W. Blackstone 在其所著

Commentaries on the Laws of England，一七七四年 E. Burke 在 Bristol 演講，皆作同一的主張。自是而後，封建時代的「命令的委任」在英國便漸見消滅。其於歐洲大陸，自法國革命，由其國民會議（Assemblee natianale）於一七八九年七月七、八兩日，盛行討論，而於八日宣布取消命令的委任之後，一七八九年十二月二十二日的法律便廢止選舉人罷免代表之制。一七九一年憲法又明文規定代議士不是選舉區的代表，而是國民全體的代表，不受委任的拘束。此後各國憲法皆明白反對命令的委任之制，而宣布議員代表全體國民，不受任何訓令的拘束。參閱拙著政治學第四版第二十四刷一七〇頁以下。

當時常用各種方法阻止議會內議員組織政黨，且規定於議事規則之上，如在拜厄倫（Bayern德國之一邦）及薩克森（Sachsen 邦名），衆議員的坐位是用抽籤決定之。符騰堡（Würtemberg，邦名）的參議院乃代表各種階級，其議席之排列是依報到先後，或依年齡大小。此種坐法亦行於薩克森、威瑪、艾森納哈（Sachsen-Weimar-Eisenach，三字連在一起城市名），庫爾赫森（Kurhessen，城市名）及其他各地。現在試問其意義爲何？據摩爾（Robert Mohl）在其所著符騰堡邦法律中，說道：「坐位之排列決不是小事。使政見不同的人交雜而坐，比之使政見相同的人坐在一處，可以減少他們的衝動，使他們能夠憑良心而作行動，不至盲從政黨的決議」。案議員坐位依其所屬政黨，在德國，乃是一八四八年以後的事，然各邦並不普遍採用。一八七二年摩爾（Robert Mohl）尙謂議會之內，議員隸屬於政黨，組織院內黨派，用多數決的方法，拘束同黨議員，「由任何方面觀之，都是有害的。這只足證明議員政治常識的淺薄，自己沒有獨立的主張」。案用抽籤方法分議員爲數部，令各部審查議案或審查選舉，這個制度完全由於制止議員組織黨派，而減少黨派的勢力，最初創始於法國，其次傳至德國各邦，最後德國聯邦議會形式上也採用之，維持至革命時代（第一次大戰後革命），方見廢止。他如不許議員在議會內朗讀其預先起草的演說詞，也是出於同一趣旨。議員只能在議場內，不得在議員休息室內決定意見，康斯丹（Benjamin Constant）很重視這個微末的事，曾兩次詳細討論之。

隨着議會制度的發達，人士對於政黨的看法漸次改變。民主思想愈進步，所謂「議會的獨立自主」，「議員可由討論而作自由的決議」，「議員應獨立於議會外部勢力之外，而不受政黨或院內各派的拘束」等等思想漸次式微，終至完全放棄。政黨從外部，又從內部，逐漸壓迫議會，使其服從於己，至爲明顯。其壓迫之從外部來的，是控制選舉人，把選舉人納入政黨的網羅之中。其壓迫之從內部來的，則控制議會的審議程序，使一切議事均受政黨的指揮。政黨一方於議會之外容納各種人民，他方於議會之內又與院內各派提携，議會所作決議多依各黨商量而謀其妥協。不但議會大會的討論，就是議會各種委員會的討論，均只是一種形式。一個政黨在議會內若能控制過半數的議席，則議會的決議只是該政黨的決議；數個政黨在議會內勢均力敵，則議會的決議只是政黨的協定。總之，議員已經感覺自己不是人民的代表，而是政黨的代表了。所謂意見自由，發言自由，投票自由已不存在。議員早已不受選舉區人民的拘束。現在呢？不但須受院外政黨的拘束，且須服從院內政黨的嚴格控制，非得政黨許可，在大會內不得發言，其演說的內容及其在委員會的態度，一唯政黨的指示是聽。且除絕少的例外，投票也要受政黨的指揮。

政黨發展到如斯地步，一切成文法律遂採取放任的態度。過去政府反對政黨，現在有鑒於實際上的需要，不能不向政黨投降。間或對於特殊的政黨尚採取反對政策，然結果毫無用處。吾人觀德國的社會黨禁壓法（Ausnahmgesetz），即可知之。從此而後，政府對於政黨就不反對，反而設法與政黨保持各種關係。其法或與政黨交涉，請其協助；或將勢力加在政黨之上，迫其協助；或為取得某一政黨的支持，對各政黨或離間之，或結合之，使政府收到漁夫之利。事實固然如此，而在七八十年以前，立法者眼中尚缺乏政黨的觀念。憲法上及法律上不見「政黨」這個名詞，即在議會的議事規則之中，亦不承認政黨及院內各派的存在。英國議會之受政黨控制，是比較任何國家為早，然其衆議院的 Standing Orders 及 Sessional Orders 中，關於議院一切議事，竟無一語提到政黨、政黨的領袖、院內幹事（Whip）。羅席德尼（Sidney Low）說：「政府只是政黨的委員會，事實上固然如此；法律上縱是衆議院亦不承認」。美國議會到了今日還不承認院內各黨派。法德兩國院內各黨派早已存在，各黨派均熱心要求各委員會委員應依各黨勢力之大小，公平分配。然而議事規則到了最近尚不之認；從而各黨代表會議（Seniorenkonvent）雖依慣例早就發達，而法律亦不肯公然承認。德國聯邦議會關於各委員會委員的產生，雖然已由各黨商量決定，然其規則尚保留「依抽籤定之」的條文。

國家由於事實上的必要，到了最近，態度大大變更。法律、命令、議院規則均逐漸承認院內外的政黨；至少亦間接用默示的方法承認之。例如加拿大及澳洲聯邦，議會內反對黨的領袖所得薪俸乃比普通議員爲多。卽反對黨的領袖無異於國家的一種職官，而得領取特別的薪俸。此不過間接承認政黨而已。此外，法律又次第承認院外政黨的組織，而給與以各種權利；或對於政黨的活動，規定許多有關活動的條文，這樣一來，便是法律明文承認政黨了。

最先實行此種方法的爲美國各州。凡是公職而用選舉方法由人民公選之者，其候選人如何選定，美國各州均用法律詳細規定。選舉是政黨活動最重要的事務，依其本來性質，應聽政黨自由爲之，而今乃受法律的規制，這就是所謂預選（Primary Elections）。在十九世紀後半期，最初爲加州及紐約州所採用，以後各州要預防選舉的腐化，就發生一種模倣加、紐兩州制度的運動。這個運動萌芽於一八八五年，盛行於一八九五年，最後遂普及於美國各州。最初是任意的採用，以後變成強制的採用。固然也有人反對，但贊成人畢竟多數，我想此種制度不會廢棄。用國家法律以規定預選，實可打擊政黨領袖（Parteiboss）的勢力，並減少領袖所控制的政黨大會的專制。因此政黨大會最初只是隨時召集的協議會，現在則正式成爲政黨的最高權力機關。案預選是令政黨的黨員有發言的權，用以阻止腐化的黨員之得提名爲候選人，並減少職業的政客的勢力，抑制捐納金錢以與政黨的財閥的威勢。爲達成這個目的，法律最初只令黨員選舉黨員大會的出席代表，其後又令黨員直接選定候選人，這稱爲直接預選（Direct Primaries）。所以今日美國選舉人之有黨籍的，有兩次投票，第一次投票是選舉各該黨候選人，第二次投票是協助本黨候選人能夠打敗敵黨而得當選。但是第一次選舉及第二次選舉均用國家法律定之。依過去經驗所示，政黨黨員亦利用預選法的漏洞，所以預選的結果未必可靠。例如預選時某人得票為二十二萬張，而在正式選舉（Hauptwahl，即由選舉人選舉議員），只得票十萬八千張。固然有時亦可打敗敵黨，蓋敵黨在正式選舉時，棄權人數亦大見減少之故。不過預選所得的票數常可推測正式選舉的結果。至於結果相反，不過意外而已。吾人須知各黨因為預選，費用之巨常可驚人，於是又引起其他腐化現象（註五）。

註五　譯者案：各黨為籌募經費，不能不請財閥捐納，一旦秉權，對於該財閥就須與以好處。

反對此種制度的人最初多斥其違憲，妨害人民集會結社的自由，但法院並不加斯解釋。法院所舉理由，歐洲法律學者也許認為奇怪。然在今日，美國人民均深信國家用法律以管制政黨的活動，目的在於防止政黨的腐化。據美國預選法，舉凡預選的地址及時期、候選人選舉程序及投票方法、選舉費用的來源及開支、選舉管理處的組織及權限，無不詳細規定。選舉管理員有時亦如國家官吏就職一樣，舉行宣誓。此外，法律於必要時，且得規定新黨組織的認可、公民入黨及脫黨的手續、公民組織新黨的條件（但為維持兩黨制度 Zweiparteiensystem 起見，其條件頗見苛酷）、政黨的名稱及黨徽、政黨常任理事的職權等等。總之，政黨全部活動已成為立法的對象；倘若政黨分裂，法院尚得裁判那分裂的政黨各自組織一黨是否合法。此種法律條文可以說是民主主義對於政黨流弊的勝利。但並非壓迫政黨，乃矯正政黨的流弊，使政黨更能成爲國家的基礎。

在德國，關於政黨的立法比之美國爲晚，萌芽於革命以前；革命以後，急速發達。若余記憶不錯，最初放棄反對政黨的，乃是符騰堡（Würtemberg，邦名）。一九〇九年之夏公布的符騰堡衆議院議事規程（Geschäftsordnung）詳細規定院內黨派團體（Mitgliedervereinigungen）的全權委員（Vollmitgliedern）及常任委員（ständigen Gästen）、秘書（Schriftführer）及委員會（Kommissionen）的選舉、發言的次序，此數者均以各黨勢力大小爲標準。據議院發表的修正理由書說：「院內各黨雖然活動激烈，然別國法律尚欲掩蓋，致令法律與事實背馳。其實，此種態度是不對的」。因此，符騰堡就用法律承認各黨交涉會（Ältestenrat）的組織。革命之後，始則聯邦議會，次則各邦議會莫不模倣其制。又者，符騰堡關於議員的選舉是首先採用比例選舉法（Verhältniswahlverfahren）的，那就是法律已經公開承認政黨了。固然選舉法不用「政黨」這個名詞，而用「選舉人團體」（Wählervereinigungen 或 Wählergruppen），加以掩飾。但附表上却明白揭載政黨的名稱。尤其條麟根（Thüringen，邦名）竟將政黨規定於憲法之上，此蓋掩飾已無必要之故。比例選舉法是令各黨依其得票多寡，選出適當人數的議員。其中有所謂「名單選舉法」（Listenwahl）者，議員候選人名單由政黨編制，選舉人只能選擇名單上所列舉的候選人對之投票。尤其在拘束的名單（gebundenen Liste），選舉人只投票給名單，至於誰人當選，完全由政黨決定。如是，選舉之時，政黨成爲萬能，每位選舉人實等於零。拘束的名單雖然亦載有候選人姓名，其實，毫無用處，所以不久，投票紙之上不再印出候選人姓名。一九二〇年聯邦選舉法尚禁止投票紙上記載政黨名稱。一九二二年修改選舉法，准許投票紙上或單單列舉候選人姓名，或一併記載候選人姓名及其所屬政黨的名稱。一九二四年又修改選舉法，投票紙上必須載明政黨名稱；至於候選人爲誰，只許寫出最先四名。這樣，法律更承認政黨了。此外，關於選舉程序，議院的議事程序，政黨均成爲國家必不可缺的機構。奧國欲使政黨成爲法律上的機關，最爲熱心，故聯邦議會及各邦議會的選舉法，關於選舉的準備程序，選舉事務所及選舉審查委員會之組成，選舉的監督制度，無一不令政黨參加。德國也和美國一樣，爲保護既成的政黨，乃將新政黨的組織放在國家監督之下。凡政黨要提出候選人名單，必須其黨在議會內已有議席。布朗斯威克（Braunschweig，邦名）的選舉法且載明八個政黨的名稱。這樣，選舉法未曾載其名稱的政黨，法律上就不認爲政黨了。薩克森（Sachsen，邦名）法律規定，凡新成立的政黨要參加競選，須交出保證金三千馬克於選舉委員長（Landeswahlleiter）；倘無一人當選，則保證金就被沒收而歸於國庫。漢堡（Hamburg，邦名）亦倣此制。赫森（Hessen，邦名）及但澤（Danzig，市名）也有同樣制度。

單單一點，法律尚未承認政黨，那就是行政機關的組織。按「議會的政黨政治」（parlamentarische Parteiregierung）雖占重要的地位，而在憲法之上皆沒有任何規定。只唯奧國關於此點，與其他各國不同。奧國各邦除福拉爾堡（Vorarlberg）外，均於憲法之上，明文規定：除邦長（Landeshauptmann）及其代理人（Stellvertreter）外，邦議會應比例各黨的勢力，選出閣員，共同組織邦內閣。此種制度依議會主義（Parlamentarismus）的觀念，大有問題。蓋議會主義是令議會監督內閣，而今一切政黨均加入內閣，而分擔內閣的責任。這樣，便是議會之內沒有反對黨了，試問誰負監督內閣之責。奧國聯邦亦於一九二〇年令聯邦議會，依比例選舉法，選出閣員，稱之爲「比例政府」（Proporzregierung），未幾卽被廢止。在德國，一九二三年曾制定一種「授權法」（Ermächtigungsgesetz），謂現今政黨若仍繼續聯合，則聯邦內閣應受政黨的拘束。換言之，政黨聯合倘若失敗，則總統得任命任何一人爲內閣總理，令其組織內閣，不受政黨的掣肘（註六）。但此法律只有暫時的效力。除此之外，政黨政治祖國的英國以及歐洲大陸各國，憲法或法律均不明白表示政黨爲國家組織的一要素。威瑪憲法之中使用「政黨」一語只有一條，卽第一三〇條云：「官吏是社會的公僕，不是政黨的傭役」（Die Beamten sind Diener der Gesamtheit, nicht einer Partei），這很明顯的否認「政黨國家」（Parteienstaat）的思想。然則這個條文之實際價值如何？簡單言之，卽禁止政府依政黨關係，任免官吏。吾意本條若應用於君主國，就成爲「官吏是國家的公僕，不是君主的傭役」（Die Beamten sind Diener des Staates, nicht Diener des Fürsten）。所謂「不是君主的傭役」蓋不以君主與國家爲同一的物。威瑪憲法不承認政黨與國家爲同一的物，其意蓋謂組織政黨爲人民的私事，政黨與政府不能混爲一談。

註六　譯者按德國小黨分立，由一九一九年二月至一九二四年六月，內閣更易共十二次，故有此授權法之必要。一九二三年十一月斯特勒斯曼（G. Stresemann）內閣倒後，反對黨中，德國人民黨（Deutsche

Volkspartei）議席最多（並不超過半數），雖然要求政權，而總統亞柏特（F. Ebert）竟然任命中央黨（Zentrum）的馬克思（W. Marx）爲內閣總理。一九二四年五月國會改選，德國人民黨選出議員最多（亦不能超過半數），又出來要求政權，總統亞柏特仍命中央黨馬克思組織內閣。

政黨政治實際上早已存在，由敵視漸次趨向於法律上的承認。茲再進一步說明其最後階段。現今國家與政黨的關係，果然到了第四階段「政黨國家」（Parteienstaat）的時代麼？換言之，果然到了國家以政黨爲基礎的時代麼？對此問題，許多學者皆予以肯定的答辭，其中不乏第一流的國家學權威，例如威塞爾（Friedrich v. Wieser）說：「民主國的本質是將國家引渡給政黨。政黨的憲法（指黨章）乃是國家憲法的構成要素。民主國的憲法是對勝利的政黨，授以權力；並對於政黨的憲法給予指示」，使政黨把國家憲法的抽象條文改變爲具體條文。又如托馬（Richard Thoma）所說：「民主國的國家意思，其實只是政黨的意思，經過人民承認或默認而已。不過這裏所謂政黨是指時時依其勢力的消長，變更統治權歸屬的政黨，非指永久掌握統治權的政黨」。拉布魯希（Gustav Radbruch）說：「政黨到了最近，已由隱匿在後臺之內，出現於國法的舞臺之上，而成爲國家的一個重要機關」。刻爾累爾忒（Otto Koellreutter）說：「德國的政黨國家在今日已經成爲憲法上的實體（Wirklichkeit）。此等見解是正當麼？

依余淺見，這個問題不能單純答以是或不是。蓋吾人除依形式上法律的見地之外，尚須再從政治動態的見地，加以研究。

由純粹法律觀點言之，所謂國家機關是指某個人或某團體的意思，法律上有國家意思的效力。國家機關若作如斯解釋，則政黨不問何時何國，均不能視爲國家機關。若必稱之爲國家機關，亦不過於選舉時成爲選舉人團體——然選舉又未必須待政黨，方能舉行——提名候選人的職務而已。至在國家活動的主要部分，如立法及行政，憲法均不提到政黨。政黨所作決定，由法律觀之，其拘束力乃不屬於國家組織，而只是社團意思的表現。所以我們要說現代國家是以政黨爲基礎而組織起來，法律上實難予以完滿的解釋。若依實況所示，法律如何於大衆之中，使政黨決定國家意思而無流弊，却值得吾人注意。政黨往往是忽然成立，忽然解散，忽然變更其政策。有的又於數十年之內，名稱如故，而主張已經根本改變。有些國家，其政黨乃以微末之事爲號召，而此微末之事又非爲大衆打算，而只出於少數人的利己心。有的政黨且否認國家，其主要活動在於互相鬥爭。試問如斯政黨何能以其政見當作國家意思。布爾塞維克主義及法西斯主義雖將國家築在政黨之上，但只許一國之內有一個政黨存在。用米開爾（Robert Michel）之言表示之，此不過將政黨變爲國家，或將國家變爲政黨。他如英美兩國之固定爲兩大政黨，但其政黨非依階級，非依主義，而與別黨有所區別。這也許可以視爲政黨國家之一形相。但就一般言之，政黨國家乃含有不能解決的矛盾，故在多數國家，法律尚不予承認。

說到政黨國家，苟不識議會制度的起源，必將無從解釋。立法者到了今日，還是堅守自由主義的理論，即堅決主張議會的意思應由各議員依其自由意志作成之。所以憲法至今無不明文否認命令的委任。各國憲法仍謂議員乃國民全體的代表，不受委任拘束，只依自己良心，表示獨立自主的意思，同時又不許選舉人罷免其所選出的議員。這不是一種具文，毫無拘束力的文句；而是制憲的人對於議會所下的命令。成文法仍保持此種思想，所謂「政黨國家」在法律上沒有根據。

但是制定法的條文若與實際政治比較一下，又不能完全一致。國家的政治已歸屬於政黨，這是事實。決定行政的首長，選擇閣員，組織內閣，監視之，操縱之，推翻之，都是政黨。政黨的中央黨部可以決定國家的政策，可以決定法律的編制，政黨的勢力漸次及於行政機關之上，尤其官吏的任免受到政黨勢力的影響更大；固然程度如何，依國而殊。質言之，行政機構的特質如何，官吏由於選舉的有多少，歷史的傳統觀念對於人心的影響如何，這一切以及其他原因均依各國情況而不同。吾人單單觀察德國，便不能不承認政黨國家已經成爲事實，而表現於政府方面及行政方面。市鎮議員的選舉，管理社會安全的人員和其他行政人員的選舉，無不採用比例選舉法，即地方自治及公共團體的自治已經受了政黨的控制；至於中央行政如何受到政黨控制，這是衆所共知的事，雖欲否認，也不可能。而且有時法律又用明文規定此種現象，例如一九一九年十月十四日普魯士對於上什萊細亞郡(Oberschleisia)所制定的法律竟然規定郡長(Oberpräsident)之下的參議(Beirat)必須考慮該郡政黨的勢力而任用之。

此種現象決不是人爲的，也不是偶然發生的，而是自然發展的途徑。近代民主主義的根本觀念乃是個人主義。公共權力交給大衆，而此大衆又離開個人而存在，渾渾然既無意志，更不能行動，於是大衆組織團體，由團體作成意思，乃是必然之勢。在選舉議員之時，大衆苟不組織團體，其投票必將零零碎碎，分散於各人，何能集中衆意，選出議員。這個集中衆意的團體就是政黨。蓋除政黨之外，沒有別的方法表示大衆的意思。此中理由至爲顯明，固不待論而知之。總之，政黨是依大衆的民主主義（Massendemokratie），自然而然的組織起來。

這樣，根據自由主義而制定的法律便與大衆的民主主義的實際情形，發生了無法調和的矛盾。不幸得狠，今人大率仍受傳統思想的拘束，欲於法律生活之內，維持自由主義。吾人只看今日各國議員均由政黨推薦，而議員脫離政黨之時，法院尚不敢裁判該議員必須辭職，即可知之。符騰堡的選舉法明文規定：議員當選時，其姓名登載於某政黨候選人名單之上者，一旦脫離該黨，便失去議員的資格。但符騰堡的國事法院（Staatsgerichtshof）的判決却謂議員不能因爲政黨開除其黨籍，便失去議員之職。奧國的憲法法院（Verfassungsgerichtshof）對此問題，曾作反對的判決，即承認議員當選時屬於某政黨者，一旦脫黨，就要辭去議員之職。此乃依據每個市鎭選舉法，不得不然。在今日，自由主義的理論還爲民主人士所支持，舉一例說，曾爲聯邦議會議長的洛伯（Poul Löbe）關於議會的改革，說道：議會的目的本來是要議員互相辯論，由對方的批評，檢討自己的意見，誤謬的更正之，而採用對方意見的優點。然此必須自由主義肯對大衆的民主主義讓步而後可。現今人士漸能認識命令的委任乃是民主思想的最後結果；如果此種主張能夠貫徹到底，則議會政治必爲政黨國家所打垮（註七）。

註七　譯者案：著作人以爲今日議員均由政黨推薦，選舉人依政黨的政見，對其所提名的候選人投票，則選舉人非因該人之可信任而選舉之，乃因贊成該政黨的政見，而選舉之。即議員已經不是選舉人的代表，而是政黨的代表。如是，政黨與其所屬議員，應有「命令的委任」的關係。

然其結果如何？值得慶賀麼？對此，作肯定答案的爲數極少。歐洲一般輿論均承認現今法律乃與實際情況背道而馳；然此實際情況只是一種病態。即此輩以爲政黨的控制發展爲政黨國家之時，國家已經變質。對此病態，醫生儘管憂慮，而却不能發見一個有效的治療方法；病態繼續發展，醫生又不能診斷病源之所在。或謂政府若不受政黨控制，國家將更腐化。或謂倘若一切政黨都沒有實力組織政府（歐洲大陸國家都是如此），則元首可自由選任人才，令其組織內閣，藉此以阻止政黨的興風作浪（註八）。或謂縮小國家的權力，使政黨的權力亦隨之減少。但是行政各部門放在政治之外(Entpolitisierung)乃有一定限界。今日政黨已經知道如何將那些未政治化的，改之爲政治化。縱令行政與政治分開，亦不過外形上的粉飾而已。所以在今日情形之下，欲將國家改造爲職業階級制的(berufsständisch)或其他制度，都不可能。何以故呢？現今政黨尙有極大的勢力，縱令創造了國家的新形態，政黨亦會把它控制在自己勢力之內。

註八　譯者按，拉特維亞(Latvia)一九二二年憲法第五三條規定：「總統的一切命令應由內閣總理或國務員一人副署，但解散議會及改造內閣的命令不在此限」。第二次大戰之後，西德憲法第五八條亦云：「總統的一切命令及處分須經內閣總理或有關部部長之副署，始爲有效。但任免內閣總理及解散議會之命令不在此限」。法國第五共和憲法第一九條也有類似的規定：「總統行使職權，須經內閣總理副署，必要時，尙須經有關部部長副署。但任免內閣總理、提請人民複決法律或條約、解散議會、採取急速措施以應付緊急危難、提請憲法委員會（Conseil Constitutionnel）審查法律或條約有否違憲，則勿需副署」。此皆因小黨分立，欲使元首自由選任人才，令其組織內閣。

代議制度的國家是以自由主義爲基礎，其中雖有寶貴的倫理價值，但希望其能徹底實行，事之至難。故欲脫離政黨國家，非放棄大衆的民主政治，便須打勝大衆的民主政治。然而因此，平等主義的民主政治又將變成領袖寡頭政治（Führeroligarchie）。換句話說，即用獨立而肯負責的領袖，以代替不負責任的政黨。此種趨向現今剛在開始，到了完成之日，政黨就非國家機關。用澤陵勒克（Georg Jellinek）之言表示之，政黨在政治上的角色只是選定議員候選人的機關。至其能否解決問題，還是疑問。我們以爲對於政黨國家的進攻，最安全的防禦只有放棄個人主義的國家觀念，而用有機的國家觀念以代替之，才克有濟。

如斯變化並不是短期間內能夠實現，更不是一紙命令，可令其實現。今日國家已經不能用命令禁止人民組織政黨。政黨是歷史發展的產物，只唯歷史能作更進一步的發展，而後方會使其消滅。今日各種團體已經着着表現其勢力。此種勢力若聽其自然發展下去，國民必將發生一種新的團結（註九），於沒有魂魄的散散漫漫的人民之中，成爲一個「複數中的單位」（Einheit in der Vielheit）。也許有人以爲此種預測只是空想，我不以空想家爲羞恥，但我決不亂說空話。現在已有一種動力，使機械的社會 (mechanisierten Gesellschaft) 改造爲有機的形態 (organischen Formen)。國民之中不論人的方面，地的方面，苟能自然的發生自治的力量，而作用於經濟的及精神的活動之上，以服務國家，則國家不會因此而至破壞，反而因此而得維持下去。此時也，縱令不想改造國家，而國家亦必由下而上，漸次改良，臻於成功之域。果能如此，國家必成爲眞正的有機體，而發生了「一切爲全體而活動，每一個人均爲別人而工作、而生存」(alles sich zum Ganzen webt, eins in dem andern wirkt und lebt) 的時代。我們子孫有福了，我希望我們目前所夢想的，到了他們時代，便成爲事實。

註九　譯者案：此種思想有似於多元說。

本篇是節譯並意譯 H. Triepel 的 Die Staatsverfassung und die politischen Parteien，柏林出版。是書爲 Offentlich = Rechtliche Abhandlungen 第十冊。余曾託留德學生購買。因爲第二次大戰時，柏林受到劇烈的轟炸，許多書籍的紙版均遭砲火之災，而至絕版。一九五三年美國 Nebraska 州最高法院院長 Robert G. Simons 來臺，知余需要此書。回美後，卽委託美國國會圖書館影印寄下。影印本紙張甚厚，不易裝訂成書。余本欲轉贈臺大法學院圖書館，又恐遺失(因該館遺失名著不少)，故由余珍藏。本篇譯得極壞，希讀者原諒。

八、大學入學考試

(1)文憑主義

人類都有上進之心，學生讀完義務教育之後，除非家境清寒或資質不堪造就之外，未有不想考入高中，再由高中升入大學，何能斥其父母「望子成龍」，而中了「升學主義」的毒，倘若人人不想升學，則社會何能進步、文化何能發達，勢必漸漸退化，終而變成「鼠」竊社會。

青年所以必須升學，蓋今日公私機關用人太過重視學歷，而以文憑爲標準，尤其重視學位。沒有學歷的，無論如何努力，總比不過有學歷的人（註一）。而有學歷的，又有許多層次。凡大學畢業的，初次任職，地位比專科畢業的高，薪津比專科畢業的多，我不反對。蓋初次任用，不知其「能」，只有以「知」爲標準。然而我們不要忘記此「知」乃是學問上的知，與職業上的「知」未必相同。做了數年之後，能力如何，主管長官應會知道。「能」可由經驗得之，職業上的知一方由於經驗，他方由於自修，亦得漸次增長。今乃以學問上的「知」推翻經驗上的「能」和經驗所得實用上的「知」，這是吾人所大惑不解的。而此後昇遷又全以學歷爲標準，學歷決定了一生前途，於是「才」便脫離了一身本領而附着於一紙文憑之上，那又何怪青年均想擠入大學之門。何況學士不如碩士，碩士不如博士，國家博士不如洋博士，這又何怪大學畢業生一有機會，就紛紛出國鍍金。我不敢說國家博士絕無濫竽充數之事，我也不相信洋博士都是青年才俊。

註一 十數年前，臺北動物園管理法修改，館長某君雖有四、五十年的經驗，深知各種動物的性格習慣及其疾病等等，只因他不過國中畢業生，差一點免職了。後來大約因爲他經驗豐富，乃任命爲副館長，另請一位動物系學士爲館長。據說，此位館長對動物學甚有研究，而如何處理動物園內的動物，未必內行。

政治上及事業上的人才本來與學術上的人才不同，學術上的人才，例如文史與社會科學，不入大學，也可以自修，而成爲一代通儒。然而社會觀念並不如此，「拿文憑來」，乃一切學術機關、行政機關以及企業公司所要求的。其所以不能不以文憑爲錄用的標準者，蓋亦有故。今人很難大公無私，一切用人均以背境爲標準，有背境者，陵邁超越，不拘資格，而又身兼官以十數。而要人太多，爲了防止要人之八行書的攻勢，不得不求助於文憑的有無，寖假文憑就成爲錄用的唯一標準了。

人人均想進入大學，進入第一流大學，志願者人數太多，勢不能不予甄別。既有甄別的制度，則要進入第一流大學，不能不進入第一流高中，等夷而下之，國中、國小均非第一流不可，於是兒童自六歲開始，每日均須埋首於書本，而惡補便乘機出現了。

說到惡補，我就想提出一個問題，卽課程太多的問題。自國中開始，課程不但太多，而且太深。凡小孩讀書，最重要的是不使他們視讀書爲畏途。要達到這個目的，不但課程要少，而且放假時，須使兒童儘量的玩，玩厭了，他們自然希望開學，而開學時也肯用功。反之，放假時讀書，則讀書時又將自動的放假——逃學。一張一弛是人類維持精力的方法，張而不弛，精神將會因過度緊張而分裂；弛而不張，精神又將因過於懈怠而頹唐。一張一弛，適得其宜，這是人類生活的最良方式。可憐，現今臺灣的學生，由小學，而中學，由中學，而大學，考了又考，無不緊張。大學畢業了，還要考，考不及格，不能留學，高考不及格，不能爲國家服務，此後昇等還要考。考！考！考！一直考到死，也許死後，十殿閻羅王還要加以考試！當然陰間的考試，不是學術考試，而是操行考試，個個「死生」拿起筆來，說得天花亂墜，「我天下之最賢者也，聖同尼父，智過孟軻，見義勇爲，見錢不要，如我者不但來世應降生爲人，富而且貴的人；並且應入天堂，坐享清福」。用考試之法，去察人類的德行，讀者不要以吾言爲妄。案西漢有舉孝察廉之事，東漢以後，合爲一科，而均試之以文，故時人語曰：「舉秀才，不知書，察孝廉，父別居，寒素清白濁如泥，高第良將怯如雞」。名實不相符，這是考試的流弊。那知今人竟以考試爲甄別人才的唯一方法，誤會了　國父所說：「考試以濟選舉之窮」之意。

考試不得其法，不但不能甄別眞正的人才，而且往往發生極大的禍亂。唐代黃巢累試進士不第，因而作亂。敬暉也因爲考進士不成，而投於朱溫，終而協助朱溫篡唐而有天下。宋時，張元因殿試不及格，積憤而投元昊，爲中國患，以後宋代於殿試時竟不敢再黜落一人。明末，協助流寇李自成者，如李嚴、牛金星等皆因爲考上了舉人，考不上進士，鋌而走險。太平天國之洪秀全也是累試不第，憤而作亂的。案古代設科舉，立資格，乃以約束天下豪傑，即所以弭亂，非所以戡亂也。非常時代需要非常人才，而非常人才又非考試所能甄別出來。國父主張「考試以濟選舉之窮」，並不是主張考試爲擇才的唯一方法，這是今人應該注意的。

(2) 聯考

聯考不是鑑別考生智慧的良法，勢有不能不採用的理由。沒有聯考，夏日炎炎，考生不免由南赴北，再由北赴南，場場趕考。蓋錄取與否，既無把握，則多考幾個學校，事所必有。何況第一流大學，如果文理法醫工農各院均有，報名學生必不會少於六七萬人。至於社會所輕視的大專，因爲各校自行考試，自定錄取標準，必發生關節之事。聯考所以發生，既已發生之後，所以不能廢止，一以救考生跋涉之苦，二以防考生鑽營之弊。

吾觀今日大專各校錄取人數，凡學校素質劣者，系別愈多；系別多者，每系錄取的學生人數亦愈衆，這是吾國高等教育的怪現象。

關於聯考制度，吾人認爲不可思議的，每年錄取總額不是以考生程度高低爲標準，而是依敎育部（招生委員會）所決議的錄取人數，來決定最低錄取分數。依考生志願，由最高分數開始唱名，漸次及於最低分數，分派到各校院系。因之，得到高分數的考生就進入明星大學。明星大學所以成爲明星，一因設備好，二因圖書多，三因選擇教員「比較」嚴格（近來如何，吾不敢保證）。而既成名爲明星大學之後，優秀青年的第一志願必塡寫明星大學了。於是明星大學除上述三種優點之外，又加上第四優點，卽學生大半是優秀青年。固然行行可以出狀元，但此只是特殊現象，至於普通現象，則學校的優劣與學生資質的高低，對其所造就的人才不能說是毫無關係。

要創辦一所大學，不，就是要設置一個新學系，教育機關也要調查其圖書多少，設備如何（非指校舍，是指各種儀器，醫學院尙須有附屬醫院，農學院亦須有演習農場），絕不是建了數座大廈，掛了一個招牌，就認爲基礎已備，許其大大招生。過去在大陸，私人辦學是賠錢的，那會如今日那樣，辦學無異企業，名利雙收。這絕不是經濟發達的副產物，而是商業觀念改變了士大夫的思想，而令士大夫誤以學校尤其補習學校爲企業公司。十幾二十年前政府有鑒於此，故設計了聯考制度。聯考雖非鑑別青年智慧的良法。然而有了聯考，貧寒的人尙可依其智慧，進入大專。沒有聯考，除公立大專之外，吾恐許多私立大專都給有錢的人包辦去了。

忘記了那一個報紙登載，日本明年也要實行聯考。吾觀其辦法，似與吾國不同，而有似於美國制度（許多學者主張改聯考爲會考，大約是參考美國制度），卽高中分數在錄取分數中，亦占百分之若干成，而學生的社會服務（包括學校服務，但成績優異，得入該校名譽班的，才許其參加學校服務），亦甚重要。此種高中成績占錄取分數若干成的辦法，吾國似行不通。這不但因爲吾國高中程度不能一致，而且因爲各中學所評定的分數是否公平，大有問題。我記得二十餘年以前，臺大曾試行保送之制，第一年保送學生成績無不優異，第二年還無遜色，第三年稍差，第四年更差，於是就廢止保送之制。

聯考制度既難廢除，改正之道只有減少考試科目，勿令應考人投機取巧，用副科之高分數以彌補主科之低分數。所謂主科，我個人認爲國文數學英文三者是每院系的主科。入文法學院的，不得用其他科目的分數以補數學之不及格。入理工學院的尤見其然。吾雖不是數學系畢業生，但總認爲數學可以訓練腦力。考試之時，由於數學成績，可以推測該生腦力之優劣。但題目不可出得太多，多至考生看了之後，眼花撩亂，靈魂兒飛去半天。題目似可由淺而深，深者會解答，淺者不會解答，這不過表示該生適得其巧，那個題目已經做過。淺者都能解答，深者不會，這可以表示該生數學尚有根柢。深淺均會解答，則可表示該生數學優異，即腦力優異。國文不要出得太過偏僻，偏僻到令考生解釋漢書上「區脫」二字。我雖非國文系畢業生，但幼時讀過古文不少，到了今日，尚能背誦出來。然要我每字均能解釋，亦覺困難。吾意國文一科，作文分數應占百分之五十。字數宜加限制。王安石之孟嘗君論，字數不及百，而說得那樣婉轉。只要文能對題，文字通順，條理明晰，就可以得到高分數。英文一科，英文譯中文，於英文總分數中，應提高至百分之四十或五十。國人學英文，主要目的在於閱讀參考書。題目最好於課本之外，選擇英美名著一段，令考生譯爲中文。生字不可太多，如有偏僻之字，無妨加注中文。以上三種考法均是杜絕學生「死讀書」之弊。

以上辦法爲余數十年來的意見。但教育部要修改聯考方法，不可率爾行之，必須預先公告，兩年後施行。

(3)命　題

考試是鑑別考生的程度，不是用以困苦考生爲目的，所以命題之時，必須顧到答案，尤宜計算答案所花費的時間。有位數學老師告訴我，題目太多，他不能於規定時間內繳卷。尚有一位英文老師亦謂題目太多，他在規定時間內無法做完。此兩位老師都是大學教授，一是專攻數學，一是專攻英文，而尚覺得題目太多，此之謂強人以所難。

除題目不宜太多之外，像下列各種題目，我都認爲不可出。

一、全靠記憶性的題目不可出，例如燕雲十六州之州名，五胡十六國之十國國名，均不可以之命題，因爲這是全靠記憶，記得了，旋卽忘記。

二、答案依人而異的題目不可出。例如去年（六十七年）大專聯考，國文舉王之渙一首詩：「白日依山盡……」，問動詞有那幾字。據報載，國文老師有的謂六字，有的謂四字，以國文專家，答案尚不一致，何可用此考試高中畢業生。

三、不常見的典故，不可以之命題，我記得數年前，高中聯考，國文有一題：「以漢書下酒，傳爲美談的是①王羲之，②李白，③蘇軾，④陸游」。漢書我看過，題中所舉四人我也知道。至於那一位「以漢書下酒」，我至今尚不之知，以此測驗初中畢業生國文程度，我敢斷言毫無用處。

註一　讀者喻堅先生來函，漢書下酒題，晚亦在報上見到，發見四答案皆非。曾記在家時，讀「賦學正鵠」，有漢書下酒賦。那是蘇子美的事。他是在岳父家讀書，性嗜酒，讀漢書至張良使力士椎擊秦始皇，乃拍案說：「可惜擊之不中」，卽浮一大白。其岳父以前以爲子美是一酒徒，及窺見如此飲酒法，卽說：「如此飲酒，數斗不多」。武案：蘇子美卽蘇舜欽，宋史（卷四百四十二）有傳，其岳父爲杜衍。

四、不常用的成語不可以之命題，我記得有一年大專聯考，國文題目有一首：「區脫捕得雲中生口」，問區脫之意義爲何。此一句見漢書蘇武傳。似此不常用的成語，非精讀漢書顏師古注、王先謙補注的人，不易了解，何必用此以考高中畢業生？

註二　讀者劉雙吉先生來函，謂區脫二字，顏師古注爲「匈奴邊境，候望之室」，沈欽韓及王先謙注，以爲「邊界」。高中國文課本兩說皆採，而竟出現於單選題中，學生何所適從。

五、某種課本採用了一種新學說，而此新學說又未普遍爲人所接受者，此種學說不宜以之命題。這在高考常常有之。抗戰以前，我曾主持某一部門的典試工作，第一次會議，我提議某一種特殊學說，而爲多數書本所沒有的，不可用以命題，經與議人全體同意之後，那一次高考就沒有怪誕的題目了。最近我聽考生告我，「現今命題的人總喜歡用他著作內所特有的新學說，以考應考人。其實，此種新學說不過風行於某一國某一大學。到了最近，此種學說在它本國已不流行。命題的人不過要推銷他的著作，故盡量用其著作所特有，而爲別的著作所沒有的以命題」。此言也許過甚其辭，但我堅決主張，此種題目以不出爲妥。否則一般考生因推測題目，對於某一門功課將不知其要旨，而唯暗記許多新概念，而此新概念不但譯得不好，而且說明又辭不達意。

(4)評　分

現在最流行的是「電腦閱卷」。電腦那能閱卷？它只能依照命題人所作的答案，計算分數。(故應稱爲電腦計分，連電腦定分，都談不上)命題人所擬的答案誤以「是」爲「非」，電腦不能改之爲「是」；誤以「非」爲「是」，電腦不能改之爲「非」。故在電腦閱卷，命題常受嚴格的限制。理論性的題目，無法由電腦計分，所以爲了遷就電腦，不能以之命題。於是就發生了問題：不出理論性的題目，考生的知慧程度無從鑑別；若出理論性的題目，只有聘請專家評閱。閱卷人縱無私心，亦因各人見解之不同，同一文章，或褒之，認爲可奪錦標；或貶之，而以朱筆橫抹。因此吾國古代考試就由策論而詩賦而八股。蘇東坡說：「詩賦聲病易考，而策論汙漫難知」(東坡七集東坡奏議集卷一議學校貢舉狀)。故唐宋兩代雖然策論與詩賦並重，但主司褒貶，實在詩賦，尤以詩之巧拙爲標準。詩不但聲病易考，而且字數不多。八股文字較多，但主司所注意的乃是破題二三句。年輕人！不要懷疑吾言，請看紅樓夢第八十四回「試文字寶玉始提親」。賈寶玉第二次上學，學做八股。賈政問他什麼題目，寶玉說才做過三次，『一個是「吾十有五而志於學」，一個是「人不知而不慍」，一個是「則歸墨」三字』。賈政只看每首的破題兩句，看畢，就出「唯士爲能」的題目，說道，「你只做破題也使得」。由此可知八股雖長，而文能中式與否，破題十數字最爲重要。破題太拙，考官卽棄卷不看下去。說到這裏，我記得一首八股的破題來了。余幼時看過小說不少，忘記了那一本小說曾舉出八股的破題，題目爲「鋸」字，其破題云：「送往迎來，而所厚者薄矣」。這眞是黃絹幼婦之文，想起，不禁浮一大白。

由評分又說到命題，這樣寫作，我自已也認爲文不對題，而犯了「傍涉」之弊。中副方塊上，仲父先生有「對對子」一篇短文，他似贊成用「對對子以代論說」。我又記得堂弟本鐵或本棟告我：民國二三年之時，清華入學考試，有一次作文題目是由命題人擬一書函，令考生改寫爲電報，字數除對方地址姓名外，不得超過十四五字。超過的，不給分數。不超過的則看其所擬電報是否得到要點，是否辭能達意。當時國文老師多是一代通儒，故能想出如斯花樣。

閒話少說，言歸正傳。去年大專聯考，作文題目爲「人性的光輝」。報載：有一考生，最先兩句爲「人性有光明的一面，也有黑暗的一面」。閱卷老師互相傳閱，以爲笑談。據報紙所寫，甚似閱卷老師均不贊成此兩句，吾不知此兩句有何不對之處。現在姑且不說，孟子言性善，荀子言性惡，揚子言人之性善惡混。然而以堯爲君而有四凶，以舜爲父而有商均，人性豈只有光輝的一面？閱卷人若以此兩句爲不當，給以零分或極低的分數，吾甚爲此位考生叫屈。且也，人性若只有光輝的一面，則光輝不足貴，換言之，所謂仁人君子不足爲奇。孔子說：「聖人吾不得而見之矣，得見君子者斯可矣。善人吾不得而見之矣，得見有恆者斯可矣」（論語，述而）。聖人不可得見，降級而求君子，再降級而求善人，更降級而求有恆的人。人性果如孟子所說，人人可爲堯舜，何以五百年而後才有湯，再五百年而後才有文武周公，再五百年而後才有孔子。閱卷人囿於孟子一句之言，而竟傳閱該考生的文章，以爲笑談。孔子曾言：「身有所忿懥，則不得其正；有所恐懼，則不得其正；有所好樂，則不得其正；有所憂患，則不得其正」（禮記注疏卷六十大學）。此「身」字依上文之「正其心」，應作「心」解（朱註引程子曰身有之身當作心。與吾意同），卽人類常由種種心理作用，發生種種感情。憂懼與好樂的感情操縱了閱卷人的心理，而致不能下以公平的判斷。這是今日寫文章的人與評文章的人最易犯的毛病。宋神宗熙寧三年，親試進士，始專以策。蘇軾見一時舉人所試策，多阿諛順旨，乃爲文以斥之曰，「科場之文，風俗所繫，所收者天下莫不以爲法，所棄者天下莫不以爲戒。今始以策取士，而士多以諂諛得之。天下觀望，誰敢不然。風俗一變，不可復返，正人衰微，則國隨之。噫！」（引自大學衍義補卷九清入仕之途）。他上神宗書，謂「是以知爲國者，平居必常有忘軀犯顏之士，則臨難庶幾有徇義守節之臣。苟平居尚不能一言，則臨難何以責其死節」（東坡七集續集卷十一上神宗皇帝書）。大專應考生盡是高中畢業之士，當然不能以古代對策的眼光，評其文章。然因某生國文有「人性也有黑暗的一面」，若卽予以極低的分數，我絕對反對。

說到評分，吾記起蘇東坡一篇文章來了。東坡應省試，題目爲「刑賞忠厚之至論」。中有數句：「當堯之時，皐陶爲士，將殺人。皐陶曰殺之三，堯曰宥之三。故天下畏皐陶執法之堅，而樂堯用刑之寬」（蘇東坡七集，前集卷二十一省試刑賞忠厚之至論）。主司歐陽修不知出自何書，召東坡問之，東坡對曰「想當然耳」（余以爲此當出於禮記，文王世子，但非堯與皐陶之事。有司曰某之罪在大辟，公曰宥之云云。結果，有司不待王命之至，卽處犯人以死刑）。歐陽修不以此數句爲杜撰，予以抹朱處分，而竟因整個文章太佳，許其高第中式，及殿試，就賜進士出身，這在今日，必將落在孫山之後，何能名列前茅？古人閱卷雖然認眞，而不拘泥，故雖以文詞取士，間亦有豪傑之人出於其間。至如今日那樣的命題，那樣的評分，吾恐一二十年之後，人才凋盡，國家無可用之人了。王陽明謂：「世之學者章繪句琢以誇俗，詭心色取，相飾以僞……則今之所大患者，豈非記誦詞章之習」（陽明全書卷七別湛甘泉序）。又說：「世之學者承沿其學業詞章之習，以荒穢戕伐其心……日鶩日遠，莫知其所抵極矣」（同上卷七重修山陰縣學記）。王陽明希望學者解放於章句之外，我更希望今日青年也解放於課本章句及註釋之外。要達到這個目的，入學考試之法必須改良。

本篇是集合數年以來短篇文章而成。本年（民國六十八年）大專聯考，國文有一題目：「約文申義，敷暢厥旨，庶幾有補於將來。」此乃出於尙書孔序。國文測驗對於「敷暢」二字，擬了五種解釋，令考生選擇其一。余不知課本上有否此篇文章，如其無也，則此種題目絕不可出。如其有也，則學生國文之不通，課本要負極大責任。蓋此種文章也許可以供給研究國學者的參考，而却不能指導學生，敎以作文之法。

九、人才乎，鴨博士乎

此篇小品文章是登在民國五十九年七月三十一日中央日報副刊方塊上。現增加字數，已經不似方塊上文字了。當其發表於方塊之時，作者陸續接到讀者來函不少，或題字相贈，或寫信表示稱許。六十二年八月七日，忘記了在那一個報上，看到陳柏煉先生的「再談研究所」中曾提到我的這篇文章。我因爲陳文述及薩家的先世，特別剪下。剪下部分之原文如次：

祖先來自西域大尼氏蠻（Danishmend）（原注：波斯文指有才華、學問的人）的我國名學者薩孟武教授曾經在中副方塊裏以本炎筆名，大嘆「博士鴉鴉烏」，他那種有深度有見解的透視，反對重文憑不重實學的呼聲，還不足夠我們警惕嗎？所以我個人主張減少研究所，減收研究生，先把師資陣容加強，增添大量圖書設備着手，才不致流於空談。

寫於七月二十九日

幼時只知道我們的先世爲答失蠻氏，陳柏煉先生文中之 Danishman 不知是否答失蠻之外文音譯，十數年前接到堂弟本鐵（在美）來信，內載薩家的先世兩則：

(a)阿沙不花（愛薩菩花）元世祖忽必烈宿衞使，元武宗海山太尉右丞相康國公。追封忠勇仁智王。

(b)沙男不花（薩蘭菩花）元世祖護軍長，娶華女，賜姓薩，父阿沙不花，孫薩都拉，著名詩詞家，元泰定進士。

本鐵所舉ab兩則似有問題。吾不知他根據那一本書。查新元史卷二十九氏族志下，「色目人曰畏吾氏……其別曰答失蠻……哈剌魯氏……」。「答失蠻亦哈剌魯氏」條云：第一代馬馬，追封中山郡公，第二代阿里，追封中山郡公，第三代哈只，寶兒赤（官名）追封定國公，第四代答失蠻，中書參知政事、宣徽使，追封定國公，謚忠亮。答失蠻生三子：長子買奴，翰林學士承旨；次子忻都，上都留守；三子怯來，同知宣徽院事。余幼閱族譜，至今七十餘年矣，只記得薩都拉爲第一房之後。今日薩家均是第二房忻都之後。第三房之後代如何，已經忘記。據新元史卷一百七十八答失蠻傳，「答失蠻哈剌魯氏，曾祖馬馬，太祖（成吉斯汗）六年從其部長阿爾蘭來朝於龍居河。馬馬子阿里前卒，以其孫哈只爲質子。哈只後事太宗（窩濶臺）爲寶兒赤，從世祖（忽必烈）取雲南伐宋俱有功，以疾卒。答失蠻襲父職爲寶兒赤，世祖甚重之。二十四年從討乃顏有功，以蒙古女脫脫倫氏妻之，經成宗至武宗，爲中書參知政事。仁宗延祐四年卒，年六十，贈太保，金紫光祿大夫，上柱國，追封定國公，謚忠亮」。

本鐵來信所舉之阿沙不花，不知根據那一本書。元史卷一百三十六及新元史卷二百均有阿沙不花傳，但他是康里氏，不是哈剌魯氏，卒於武宗至大二年，年四十七，後贈開府儀同三司、中書右丞相、上柱國、封順寧王，謚忠烈。是則答失蠻與阿沙不花不是同一的人。案：中華民族自古就是融合亞洲各種族而成，純粹的漢族老早就沒有了。吾家薩氏由西域先到雁門之北，次入山西，再至江西。最後才定居於福建的福州。早已沒有色目種族的血了。

何謂鴉博士？鴨能飛而不高，能走而不速，能游泅而不靈動，件件能，件件都不高明。但鴨並不以自己的萬能爲傲，只因世人太過重視博士，寖假洋博士便誤認天下莫己若也（註一），而致發生鴨博士之號。

註一　有人告我，某位洋博士在某機關，擔任某種職務，每次開會討論問題，他必先對出席會議的人說道：「我博士也」。此位博士有名有姓，大約不是言者杜撰。

荀子分人才爲兩種：一是精於道，二是精於物（荀子第二十一篇解蔽）。精於道是指統才，卽孔子所說「君子不器」之君子。精於物是指專才，卽孔子所說「無求備於一人」之人。案統才需要常識豐富，專才需要學有專長。今日博士我深信他們學有專長，至於他們是否常識豐富，討論問題能夠不單就問題本身，而能着眼於大局，判斷某一種政策對於大局有何影響，則甚疑問。

唐宋以來，用科舉取士，而以進士最爲矜貴。凡由進士出身者均視爲統才，認爲無所不能。即如王安石所說：「以文學進者且使之治財；已使之治財矣，又轉而使之典獄；已使之典獄矣，又使之治禮。是則一人之身而責之以百官之所能備，宜其人才之難爲也」（王臨川集卷三十九上仁宗皇帝言事書）（註二）。

註二　以上十數行是新增的文句。有人告我，今日回國學人有兩種要求，一是洋樓，二是汽車。據我所知，留美做事的人均可用分期付款方法，購買汽車及房屋，而購買房屋的，尙可扣減所得稅。

今人看到靑年出國留學，就大喊「人才外流」，甚似出國的都是人才，留在國內的都是渣滓。誰人願爲渣滓，難怪出國之風，如水之決隄防，不可制止。最近看到留學生回國省親，其中有願留在國內服務的，又大喊「人才內流」。對這區區之數的「人才」，竟然不知如何安插，則嚮者之喊人才外流，不是多餘之事？

在「人才外流」與「人才內流」的觀念之中，都含有一種奇怪的感情，即「自卑感」，自視爲落後的國家，一無是處。不但學自然科學的、學社會科學的，要出國；就是硏究中國文學的、硏究中國歷史的，也非出國不可。國人旣然唯洋是崇，於是不問他學問如何，只要洋人一提，就可增加身價。至在外國敎書，更是如登龍門，身價百倍了。而未曾探問執敎的大學是那一所大學，講授的功課是那一門功課。美國野鷄大學極多，在美國大學敎書並不稀奇。

在外國留學，得到博士學位，尙須有人代他吹噓。兩漢有鄉舉里選之制，採毀譽於衆多之論，到了末葉，選舉變質了，人士「知名譽可以虛譁獲也」，乃「結比周之黨，汲汲皇皇，無日以處，更相歎揚，迭爲表裏」（徐幹中論第十二篇譴交），而如王符所說：「多務交游，以結黨助，偷世竊名，以取濟度」（潛夫論第二篇務本）。「是故俗論皆言處士純盜虛聲」（後漢書卷九十一黃瓊傳）。

留學生眞正有學問的，雖得到博士學位，苟不集朋結黨，互相標榜，也將無聞於世（註三）。反之，有人標榜，便可成爲萬能，不問那一種職官，都有資格去做，也有膽量去做。眞所謂「悠悠風塵皆奔競之士，列官千百無讓賢之舉」（干寶晉紀總論）。

註三　今日男女明星之欲沽名釣譽的，或故作新聞，以引觀衆注意。又有跳槽之事，以求多得報酬。在大陸時代，大學教員亦常用「跳校」之法，藉以提高教員的等級。如在甲校爲講師，跳到乙校，昇爲副教授，再跳到丙校，又昇爲教授。

此種重視洋博士的風氣發生於何時？大陸時代沒有，尤其抗戰開始以前，國民的自信力甚強，盲目的崇洋，絕對沒有。當時大學教授不以留學生爲貴，甚至有些留學生得到博士學位，而名片上不敢揭此銜頭。爲什麼呢？嚇不倒人，有時且自取其辱。現在如何呢？得了外國學位，其親戚朋友且有登報恭賀者。文化上自信力的欠缺就是民族自信力的欠缺。文化上成爲外國的附庸，且自甘爲附庸，不以爲恥，試問這種民族的前途如何。我們提倡文化復興，非先撲滅這個觀念不可。而要撲滅這個觀念，必須政府用人，不要於國內外大學畢業生之中，劃一鴻溝。

一〇、魁星的形相

魁星是主持文運的神，吾人觀古人所畫或所刻的魁星之像，它似不配主持文運。一脚踏地，一脚蹺起，作跳躍狀，有如西遊記上的孫悟空。但孫悟空拿的是金箍棒，魁星則右手拿筆，左手拿斗。這個斗大約是用之以量五斗米的斗。有人告我，不是拿斗，而是拿元寶。元寶是什麼？是錢。

這種形相實在是侮辱二千年來讀書的人。主持文運的神，固然不必同道學先生那樣，儒衣儒冠，正襟危坐，如泥塑菩薩一樣；亦不可同猴子一樣，東躍西跳，不能靜坐片刻。手拿孔子著春秋的筆，而乃入不能揮毫屬筆，祖述六藝，出不能治國安民，移風易俗；竟然一翻觔斗，往遊西天。世傳西天黃金遍地，魁星往遊西天，淘了少許的金，自鳴得意；再翻觔斗，回到中土，來賺五銖之錢。魁星的作風固然巧妙，而對於文人，實可給予以不良的影響。

但是我們須知魁星所司的是文運，不是文事。司文事的爲文昌帝君。文事精通，未必就能得意；要想得意，須靠文運。如何可以得到文運？魁星的形相就是表示其途徑。兩脚作跳躍狀，乃便於奔競，而如韓愈所說：「伺候於公卿之門，奔走於形勢之途。」自古文士之得意者固然未必如此，而大半均是如此，就是韓愈也曾再三投牒晉謁公卿。江陵項氏曾言：「風俗之弊至唐極矣。王公大人巍然於上，以先達自居，不復求士。天下之士什什伍伍，戴破帽，騎蹇驢，未到門百步，輒下馬，奉幣刺，再拜以謁於典客者，投其所爲之文，名之曰求知己。如是而不問，則再如前所爲者，名之曰溫卷。如是而又不問，則有執贄於馬前，自贊曰某人上謁者。嗟乎，風俗之弊，至此極矣。」高臥草蘆之中，由劉備三顧，而後出山，秦漢以後，只有孔明一人。而劉備三顧，乃在兵敗下邳之後，無處可以安身。如果下邳打了勝仗，掩有徐州，劉備肯否枉駕三顧，似有問題（註）。

魁星右手執筆，而跳來跳去，那有時間宣揚文化？其執筆不過做做姿態，表示風雅而已。目的所在，則爲左手所拿的斗，用之以量米，用之以取金。司文運的神如此，何怪自古就有文人無行之言。

註　我在另一篇短文中，曾提及東漢末年，人士「多務交游，以結黨助，偷世竊名，以取濟度」（潛夫論第二篇務本）。淺言之，卽人士多集朋結黨，互相標榜，以取名譽。三國初期此風仍熾，劉備之肯三顧草廬，據三國演義所述，先則有徐庶的推薦（第三十六回），次又有司馬徽、崔州平、石廣元、孟公威的吹噓。司馬徽對劉備說：「孔明與博陵崔州平、潁川石廣元、汝南孟公威及徐元直（卽徐庶）四人爲密友」（第三十七回）。

一一、文章的精簡與冗長

民國五十九年七月五日，我在中副發表一篇「文章的長短」。六十六年十一月十五日又發表「從方塊文字說起」。每篇文章發表之後，均接到讀者來函，我只保留臺大法學院經濟系教授蔣友文先生一信。現將上舉兩篇文章合併改寫，並附載友文兄來函於後。蓋讀友文先生來函，卽知作文之法。「行文一以氣爲主」，除「氣盛」外，尚須知道「聲之高下」，不識今日國文老師曾以「氣」與「聲」兩字告知學生否。蔣先生爲經濟學專家，現已退休。

臺灣各報副刊均有一篇短短文章，我均稱之爲方塊。方塊文章，不可太長，不可太短；不可太嚴肅，不可太輕佻；又須言之有物，不可人云亦云，亂捧不可，亂罵也不可。

幼時，聽父執談紀昀之事。某年大旱，乾隆帝赴天壇（是否天壇，在這篇短文中，極不重要）祈雨，令紀昀讀禱文。那知乾隆焚香禮拜（皇帝祭天，有否拜，在本文中，亦不重要）之後，紀昀拿起禱文一看，竟然隻字都無。僥倖他讀書多，記性強，卽唸尚書中數句，作禱文如次：

帝曰龍（舜典），歲大旱，汝作霖雨（說命上），往，欽哉（堯典）。

這是我七十餘年以前聽到的。原文是否如此，我不敢保證。幸我讀過尙書，只有憑我半記半忘記，翻翻尙書，集合上述文句，當作紀昀所寫。通耶，是我記性甚強；不通耶，我負其責。此文多麼簡潔，多麼有力量，而不失皇帝的身分。若令現今人去寫，必將長拖拖的寫出天降霖雨之必要。我恐龍王聽得不耐煩，不待唸完，卽歸海裏去也。

我常常說：第一流思想家，往往只有結論，而不說出理由。「學而時習之，不亦說乎」，何以「不亦說乎」，孔子不加說明。「道可道，非常道」，何以「非常道」，老子亦不說明。說明之責，在於後人。說明好耶，歸我孔老；說明不好，責在說明的人。第二流以下的思想家，所言多比第一流冗長，儒家的孟荀，道家的莊子所以只能坐第二把交椅，沒有別的理由，只有這個理由。

幼時，又聽到一個啓事，只要簡簡單單的數個字，而竟做了一篇文章，令人看了，忍俊不禁。其文如次：

此處不可小便，何也，以牆內有井故耳。諸君到此，無尿則已，苟有尿焉，請前進數步，到牆角之厠所，解開褲襠，徐徐而放之，可也。

此篇文字，誰人敢說不通。我想今日大專入學作文考試，考生能夠寫得如斯通順，未必甚多。其所以令人失笑者，蓋太過嚕嗦。雖然嚕嗦，意義還甚明瞭。要是嚕嗦而又加之以含糊，別人讀後，不識其意義，實可丟在毛厠去也。

（附）蔣友文先生來函

孟公教授賜鑒：前者赴醫院奉候尊恙，適正告痊靜養，不敢驚動，但有注目無言而退。及聞出院，又屢讀大文，喜康強之日進，益雀躍之無任，所謂仁者無憂，勇者無懼，我公實兼之矣。

今日讀中副方塊「文章的長短」一文，集尙書句，擬乾隆敕語，假託（武注：並非假託，但不知原文是否如此）飽學而善戲謔之紀昀爲之，以作短文之示例。其中正文只「歲大旱，汝作霖雨」七字，何等簡明有力，而始之以呼名，卒之以勗「往」，繪影傳神，如見其人，如聞其語，又極生動曲折之致，眞天下妙文也。不譒目下一般文字學家見之，有何感想？

文字但求其「達」與「當」，當爲恰到好處，故孔子曰：「辭達而已矣」。柳子厚亦云：「苟爲不當，雖十易之不爲病，要於其當，不可使易也」。此言雖指人生行事，亦可用之於文，卽義有未盡，雖十倍其言不爲過，如其已備，則一字亦不可增也。韓文公痛六朝駢儷之文，辭蕪而義不彰，故倡爲古文，卒起八代之衰。其行文一以氣爲主，「氣盛則言之長短與聲之高下皆宜」。歐陽永叔畢生宗韓，而其文並不類韓，所謂得其陰柔者也。其於晝錦堂記云，「仕宦至卿相，富貴歸故鄉」，追囘只增兩「而」字，便覺全文改觀，有畫龍點睛之妙，一兩字之增加，竟具偌大關鍵，豈不懿歟。然歐陽公並非專以增字是務者，其修五代史，字字璣珠，不肯妄下一字，據唐宋叢書所載，一日公於修史之暇，與客出游於陌上，見一犬偃臥道旁，忽一脫韁之馬自遠狂奔而來，犬不及避，遂爲所斃。公顧謂客曰，曷記之。一客曰：「有犬臥於道，馬馳而斃之。」公曰：「十字不亦多乎」。另一客應聲曰：「可刪兩冗字，犬臥於道，馬馳斃之」。公不語。客曰：然則如何？公曰：「逸馬殺犬於道」。既而嘆曰：「如令公等修史，殆眞災梨禍棗矣」（以上是否出於唐宋叢書，及其原文如何，因手邊無書可考，只略記其大意而已）。此一故事，不單說明文辭之應簡練，而於用字選辭，如「逸」如「殺」，俱不失春秋筆削之法爲尤不易企及也。

公文以幽默體出之，最易發人深省，集古書句，妙手偶得，天衣無縫，彌足珍貴。佩仰之餘，中懷翕然不能自已，倘祈繼續爲之，裒然成帙，俾作時下之南針，曷勝厚幸；耑肅佈臆，不盡一一，敬叩

日祉！

弟蔣友文拜啓

七、五於紹興南街三〇巷六號

滄海叢刊已刊行書目（四）

書名	作者	類別
詩經研讀指導	裴普賢	中國文學
莊子及其文學	黃錦鋐	中國文學
清眞詞研究	王支洪	中國文學
浮士德研究	李辰冬譯	西洋文學
蘇忍尼辛選集	劉安雲譯	西洋文學
文學欣賞的靈魂	劉述先	西洋文學
音樂人生	黃友棣	音樂
音樂與我	趙琴	音樂
爐邊閒話	李抱忱	音樂
琴臺碎語	黃友棣	音樂
音樂隨筆	趙琴	音樂
樂林蓽露	黃友棣	音樂
水彩技巧與創作	劉其偉	美術
繪畫隨筆	陳景容	美術
都市計劃概論	王紀鯤	建築
建築設計方法	陳政雄	建築
建築基本畫	陳榮美 楊麗黛	建築
現代工藝概論	張長傑	雕刻
戲劇藝術之發展及其原理	趙如琳	戲劇
戲劇編寫法	方寸	戲劇

滄海叢刊已刊行書目（三）

書名	作者	類別
比較文學的墾拓在臺灣	古添洪 陳慧樺	文學
從比較神話到文學	古添洪 陳慧樺	文學
牧場的情思	張媛媛	文學
萍踪憶語	賴景瑚	文學
讀書與生活	琦君	文學
中西文學關係研究	王潤華	文學
文開隨筆	糜文開	文學
知識之劍	陳鼎環	文學
野草詞	韋瀚章	文學
現代散文欣賞	鄭明娳	文學
藍天白雲集	梁容若	文學
寫作是藝術	張秀亞	文學
陶淵明評論	李辰冬	中國文學
文學新論	李辰冬	中國文學
離騷九歌九章淺釋	繆天華	中國文學
累廬聲氣集	姜超嶽	中國文學
苕華詞與人間詞話述評	王宗樂	中國文學
杜甫作品繫年	李辰冬	中國文學
元曲六大家	應裕康 王忠林	中國文學
林下生涯	姜超嶽	中國文學

滄海叢刊已刊行書目(二)

書名	作者	類別
不疑不懼	王洪鈞	教育
文化與教育	錢穆	教育
教育叢談	上官業佑	教育
印度文化十八篇	糜文開	社會
清代科舉	劉兆璸	社會
世界局勢與中國文化	錢穆	社會
國家論	薩孟武譯	社會
紅樓夢與中國舊家庭	薩孟武	社會
財經文存	王作榮	經濟
中國歷代政治得失	錢穆	政治
黃帝	錢穆	歷史
歷史與人物	吳相湘	歷史
中國歷史精神	錢穆	史學
中國文字學	潘重規	語言
中國聲韻學	潘重規 陳紹棠	語言
文學與音律	謝雲飛	語言
還鄉夢的幻滅	賴景瑚	文學
葫蘆・再見	鄭明娳	文學
大地之歌	大地詩社	文學
青春	葉蟬貞	文學

滄海叢刊已刊行書目（一）

書名	作者	類別
中國學術思想史論叢(一)(二)(三)(四)(五)(六)	錢穆	國學
兩漢經學今古文平議	錢穆	國學
中西兩百位哲學家	鄔昆如 黎建球	哲學
比較哲學與文化	吳森	哲學
哲學淺論	張康譯	哲學
哲學十大問題	鄔昆如	哲學
孔學漫談	余家菊	中國哲學
中庸誠的哲學	吳怡	中國哲學
哲學演講錄	吳怡	中國哲學
墨家的哲學方法	鐘友聯	中國哲學
韓非子哲學	王邦雄	中國哲學
墨家哲學	蔡仁厚	中國哲學
希臘哲學趣談	鄔昆如	西洋哲學
中世哲學趣談	鄔昆如	西洋哲學
近代哲學趣談	鄔昆如	西洋哲學
現代哲學趣談	鄔昆如	西洋哲學
佛學研究	周中一	佛學
佛學論著	周中一	佛學
禪話	周中一	佛學